Hauke Stehn

Hilfe für das schreibauffällige Kind

Feinmotorische Übungen
zur Verbesserung
grafomotorischer Fähigkeiten

Förderung - Therapie

Finger & Bewegung Verlag

Impressum:
Finger & Bewegung Verlag
Hauptstr. 30
24251 Osdorf/b. Kiel

5. überarbeitete und ergänzte Auflage
Februar 2005
Druck: hansadruck, Kiel

Inhaltsverzeichnis

Vorwort

Mehr als elf Jahre ist es her, als die erste Auflage des Buches „Hilfe für das schreibauffällige Kind" in den Buchhandel kam. Die Praxis bezogenen Inhalte zur Verbesserung grafomotorischer Fähigkeiten haben sich seit Jahren bewährt und wurden durch viele positive Rückmeldungen von Pädagogen, Therapeuten und Eltern bestätigt.
Das vorliegende, bereits in der 5. Auflage erscheinende Buch habe ich in einigen Kapiteln überarbeitet bzw. ergänzt. Vor allem die Kapitel „Schreibhilfen", „Linkshänderschreibhilfen" und „Arbeitsplatz" mussten den neuesten Erkenntnissen angepasst werden.

Die praktischen Übungen dieses Buches wurden bereits 1998 durch die Musik-CD „Fingerbewegungen nach Musik" ergänzt. Eine CD, die ohne zusätzliches Material auch spontan im Unterricht, in der Therapie oder zu Hause eingesetzt werden kann.
Beides, die Inhalte des Buches und der Musik - CD, wurden im therapeutischen Bereich bei Kindern und Senioren mit positiven Rückmeldungen eingesetzt.
Besonders bei Schlaganfallpatienten zeigten sich Besserungen. Intensive, regelmäßige feinmotorische Übungen sind wichtig, um bestehende feinmotorische Funktionen nicht nur zu stabilisieren, sondern auch zu reaktivieren. Besonderen Beifall, bei alt oder jung, erzielt das Lied „Eine Oma geht spazieren" (einzelne Finger werden im Rhythmus bewegt).

Die vorgeschlagenen Übungen lassen sich hervorragend so verändern, dass die feinmotorischen Bewegungen auch auf der subdominanten Körperseite durchgeführt werden können. Durch das „Überkreuzen" der Körpermittellinie erhält die nicht integrierte Gehirnhälfte neue Impulse und wird mobilisiert (Überkreuzbewegungen sind Bewegungen, die die Körpermittellinie überkreuzen).

Es handelt sich um Bewegungsformen, die dem persistierenden Reflex des ATNR (asymmetrisch tonischer Nackenreflex) deutlich entgegenwirken. Positive Veränderungen der Feinmotorik erzielen wir nur, wenn wir durch entsprechende Bewegungen nicht nur einzelne Muskelgruppen, sondern auch das Zusammenwirken aller grob- und feinmotorischen Bewegungsprozesse fördern.

Feinmotorische Übungen unterstützen Steuerungsprozesse der Arm-, Hand- und Fingermotorik, fördern das Konzentrationsvermögen und bringen darüber hinaus dann Spaß, wenn bei der Durchführung nicht so streng auf die Bewegungsqualität geachtet wird. Viele Kinder erhöhen ihre Fingergeschicklichkeit spielerisch und haben schließlich deutlich häufiger Erfolgserlebnisse nicht nur in der Schreibmotorik und beim Basteln, sondern auch bei den bewährten Tischspielen wie „Packesel", „Mensch – ärgere – dich – nicht" oder „Stapelmännchen". Die Kinder erfahren eine spielerische Sicherheit, die ihnen auch in anderen feinmotorischen Handlungsfolgen hilft. Das gemeinsame Spiel mit Eltern, Großeltern und Geschwistern fördert darüber hinaus die sprachliche Kommunikation und das Sozialverhalten.
Wir wissen nicht nur durch die Medien, dass genau diese Faktoren wichtige Stützen in der Entwicklung unserer Kinder sind. Durch den häufigen Gebrauch elektronischer Unterhaltungsmedien werden vor allem die Kinder in ihrem sprachlichen und sozialen Verhalten beeinträchtigt. Das Konsumieren von Bildern und Sprache, z. B. beim Fernsehen, verhindert das aktive Sprechen oder die sachliche Auseinandersetzung mit unserer gegenständlichen Umwelt.

Es reicht einfach nicht im Fernsehen nur zu sehen, wie ein Kind auf einen Baum klettert.
Durch das bloße Zuschauen erlebt das Kind nicht die Höhe des Baumes, bewegt nicht Hände, Arme und Beine, fühlt nicht die Zweige, Äste und Blätter, riecht nicht die Natur, spürt nicht die Angst

der Höhe, kann sich nicht über Geleistetes freuen und somit sein Selbstbewusstsein stärken. Sinneseindrücke muss ein Kind erleben, nur so ist es in Lage zu begreifen.

Das **Begreifen** umschreibt vorrangig nicht die Gedächtnisleitung, sondern in erster Linie die motorische Funktion. Etwas (kognitiv) zu begreifen kann nur dann funktionieren, wenn motorische und die damit verbundenen sensorischen Eindrücke durch Erfahrungen im Gedächtnis abgelegt werden.

Kinder, die nur unzureichende Bewegungserfahrungen machen konnten, zeigen in der Regel motorische Auffälligkeiten bzw. ein motorisches Nachholbedürfnis, welches möglicherweise therapeutisch durch eine Ergotherapie, sensorisch integrative Psychomotorik oder andere Therapieformen aufgearbeitet werden muss.

Grobmotorische Bewegungsmuster und Handlungsfolgen gehen in ihrer Entwicklung feinmotorischen Bewegungsprozessen voran. Deshalb ist es beim Erkennen schreibmotorischer Probleme wichtig herauszufinden, auf welchem motorischen Entwicklungsstand sich ein Kind befindet, welche Voraussetzungen es mitbringt, um Feinmotorik (Schrift) zu produzieren.

Nicht nur motorische Entwicklungsverzögerungen und die damit verbundenen sensorischen Defizite können zu feinmotorischen Problemen oder Schreibauffälligkeiten führen, sondern auch Störungen der Neuromotorik (alle Formen von Unwillkürmotorik im Schreibalter), nicht altersentsprechende Reflexe (ATNR-asymmetrisch oder STNR-symmetrisch tonischer Nackenreflex), angeborene Funktionsstörungen (verkürzte Sehnen und Bänder in der Hand-Fingermotorik) oder partielle Lähmungen (Paresen, Di- oder Tetraplegie).

Nach einer fundierten diagnostischen Erfassung des Störungsfeldes finden sich dann unmittelbare Schreibhilfen für das Kind. Die Schule und das Elternhaus können durch ihre Unterstützung mittel- bzw. langfristige Hilfen einleiten, die nicht in jedem Falle „Therapie" heißen müssen.

Ich möchte Sie, liebe Leser, ermuntern, Kindern mit Schreibproblemen eine Vielzahl von Hilfen anzubieten. Es heißt Fehlfunktionen der Motorik aufzuspüren, aufklärende, sachbezogene Gespräche mit den Lehrern zu führen und Schreibhilfen einzusetzen.

Aus der Idee „Hilfe für das schreibauffällige Kind" hat sich die berufliche Zusatzqualifikation **„Feinmotoriktherapeut nach Stehn"** entwickelt.
Weitere Informationen zu diesem Thema der **beruflichen Fortbildung** finden Sie in **Kapitel 16.**

Nicht nur die Praxis, so wie in diesem Buch beschrieben, sondern auch die daraus abgeleitete „Diagnostik zur Erkennung von Schreibauffälligkeiten bei Kindern" werden in diesem Buch beschrieben.

Eine weitere Möglichkeit zur Diagnose ist die „grafomotorische Schriftbilddiagnostik", die es ermöglicht, aus einem Schriftbild Bewegungsauffälligkeiten oder sogar Störungen zu diagnostizieren ohne den Schreiber persönlich zu kennen. Nach langjähriger Arbeit vor allem in der Bewegungsdiagnostik schreib- und malauffälliger Kinder war es für mich nun Zeit ein praxisorientiertes Diagnostikbuch vorzulegen.

Es wird 2005 unter dem Titel **„Wenn das 'O' Ecken hat"** im Buchhandel erscheinen. Einige Literaturhinweise in diesem Buch beziehen sich bereits auf dieses Diagnostikwerk.

Inhaltlich gilt es nicht nur diagnostisch Schreibauffälligkeiten durch neurophysiologische Tests und grafomotorische Schriftbilddiagnostik aufzuspüren, sondern daraus auch Hilfen abzuleiten. Hilfen, die durch die Anbahnung einer stabilen Stifthaltung im Vorschulbereich, Stabilisierung der Stifthaltung bei Schulkindern, durch auf die Motorik des schreibenden Kindes angepasste Schreiblinien (z. B. bei visuomotorischen Problemen) oder durch eine veränderte Sitzhaltung zu weniger Schreibandruck führen.

Danke !

An dieser Stelle möchte ich allen danken, die mir bei der Erstellung des Buches behilflich waren. Meiner Frau Doris dafür, dass sie mir genügend Zeit und Raum für die Arbeiten einräumte, meinem Kollegen und Freund, den Sonderschullehrer Klaus-Peter Brach, der das Entstehen des Buches durch die Korrektur und hilfreichen Ideen unterstützte, aber auch den Kindern, die sich geduldig für die Fotos zur Verfügung stellten.

Kapitel 1

Die motorische und perzeptive Entwicklung bis zum 12. Lebensmonat

Eine Vielzahl von Entwicklungsschritten muss der kleine Mensch durchleben, um seine Umwelt zu verstehen und sich in ihr zu bewegen. Ein Überspringen oder Auslassen nur eines Entwicklungsschrittes, ob im motorischen, sensomotorischen* oder im Wahrnehmungsbereich, hat negative Folgen für das Kind.

Aus der Entwicklungspsychologie wissen wir, dass das Neugeborene in seinem Verhalten durch eine Vielzahl von Reflexen bestimmt wird. Es bewegt sich in den ersten Tagen noch unkoordiniert. Mit zunehmender Lebensdauer vollzieht sich eine motorische Entwicklung, die als proximo- distal bezeichnet wird, d.h. körpernahe werden vor körperfernen Bewegungen vollzogen.
Kiphard fasst die motorischen Entwicklungsbereiche wie folgt zusammen:

Neuromotorik ⟶ **Sensomotorik** ⟶ **Psychomotorik**

Neuromotorik	**Sensomotorik**	**Psychomotorik**
↓	↓	↓
Reflexe	Wahrnehmung	Gefühle erleben
Koordination	Reagieren	Kognition

Sensomotorik
Sozialwahrnehmung
Kommunikation

Im Folgenden sollen zur Veranschaulichung im kurzen Abriss die Entwicklungsschritte eines Kindes dargestellt werden (vergl. hierzu „Münchener funktionelle Entwicklungsdiagnostik“- Theodor Hellbrügge).
Ich beschränke mich bei der tabellarischen Darstellung auf die fünf Bereiche **Krabbeln, Sitzen, Laufen, Greifen und Perzeption** (der Bereich Perzeption umschreibt Wahrnehmungsbereiche, wie Sehen, Hören, Tasten). Ausgenommen werden hier die Bereiche „Sozialverhalten“ und „Lautäußerung“.

	Neugeborenes	1. Monat	2. Monat	3.Monat	4. Monat	5. Monat
Krabbeln		Bauchlage: hebt Kopf kurz an	Bauchlage: hebt Kopf mind. 45 Grad	Bauchlage: hebt Kopf und hält ihn eine Minute	„Schwimmt" in der Bauchlage	Rollt vom Bauch in den Rücken
Sitzen	Kann nicht sitzen. Kopf liegt auf der Seite	Beim Hochziehen zum Sitz sinkt der Kopf nach hinten	Der Kopf wird ca. 5 Sek. unstet gehalten	Hebt Kopf beim Hochziehen zum Sitzen kurz mit an, hält Kopf ½ Min.	Hebt Kopf beim Hochziehen zum Sitzen an.	Beugt beim Hochziehen zum Sitz Kopf, Arme, Beine
Laufen	Reflex: automatische Laufbewegungen	Reflektorische Stützreaktion der Beine beim Hinstellen	Übergangsphase: keine regelmäßige Auslösung der reflekt. Stützreaktion	Beugt Beine beim Abstützen	Kaum verändert. Zeitweise kurze Streckbewegungen im Knie- u. Sprunggelenk	Übernimmt kurzfristig sein eigenes Körpergewicht
Greifen	***Reflex: Handgreifreflex***	***Kaum verändert/Hände meist gefaustet***	***Fausthaltung nimmt ab. Hände häufig leicht geöffnet***	***Bewegt eine in die Hand gegebene Rassel***	***Hände spielen mit-einander***	***Führt Hand zum Spielzeug und berührt es***
Perzeption	Reagiert auf starke Licht- u. Geräuschquellen	Fixiert Gegenstände, die ca. 20 cm vors Auge gehalten werden	Hält bei Glockenton inne, lauscht	Folgt einer Rassel mit den Augen von Augenwinkel zu Augenwinkel	Steckt Spielzeug in den Mund	Optische u. akustische Reize werden mehrere Min. aufmerksam wahrgenommen

	6. Monat	7. Monat	8. Monat	9.Monat	10. Monat	11. Monat
Krabbeln	Bauchlage: stützt sich auf die gestreckten Arme	Dreht sich vom Rücken auf den Bauch	Dreht sich um die eigene Achse	„Robben“, meist kurze Phase, wird vom Krabbeln abgelöst.	Schaukelt auf den Händen und Knien, Ausgangsposition für das spätere Krabbeln	Krabbelt auf allen Vieren, koordiniertes Krabbeln im rhythmischen Ablauf
Sitzen	Kopfkontrolle ist bei jeder Körperneigung fast perfekt	Rückenlage: spielt mit den Füßen und führt diese zum Mund	Zieht sich zum Sitzen hoch, sitzt mehrere Sekunden allein, stützt sich seitlich ab	Sitzt eine Minute lang frei, stützt sich nach hinten ab, wenn man es aus dem Gleichgewicht bringt	Kommt allein aus der Bauchlage über die Rumpfrotation zum Sitzen, sitzt frei mit gestreckten Beinen und geradem Rücken	Sitzt frei mit gutem Gleichgewicht über eine beliebig lange Zeit
Laufen	Die Übernahme des Körpergewichts wird sicherer	„Federt“, stößt sich aus der Hocke ab, Beuge- und Streckbewegungen	Kaum Veränderungen, „federt“ ausdauernd	Steht an den Händen gehalten	Zieht sich an Möbeln hoch und steht mit Festhalten	Geht seitwärts an den Möbeln entlang, geht vorwärts an den Händen gehalten
Greifen	***Ergreift Spielzeug gezielt und mit der ganzen Handinnenfläche, wechselt Spielzeug zwischen den Händen***	***Greift mit beiden Händen zielsicher je einen Gegenstand und hält beides einige Sekunden fest, wendet Spielzeug zwischen den Händen.***	***Erprobung des Festhaltens. Gegenstand „wandert“ vom Handinnern zu den Fingerspitzen***	***Lässt Gegenstände willkürlich fallen, macht ein Spiel daraus und wiederholt es gerne***	***„Pinzettengriff*“, kleine Gegenstände (Brotkrümel) werden mit dem Daumen und Zeigefinger ergriffen wie mit einer Pinzette, Koordination beider Hände, z. B. Aneinanderklopfen zweier Gegenstände***	***„Zangengriff*“, Daumen und Zeigefinger werden beim Greifen gebeugt und bilden eine Zange, kleinste Dinge werden mühelos gegriffen***
Perzeption	Optische und akustische Reize werden mehrere Minuten aufmerksam wahrgenommen	Sucht nach einem entfallenen Gegenstand	Aufmerksamkeit und Konzentration nehmen zu	Interessiert sich für leise Geräusche, unterscheidet genauer räumliche Beziehungen	Erprobt das Wegwerfen, interessiert sich für Details	Findet ein verstecktes Spielzeug, zieht Spielzeug an einer Schnur

Der 12. Monat

Krabbeln:
Das Krabbeln ist die Endform der Entwicklung der Bewegungen aus der Bauchlage.
Das Kind krabbelt meist nur noch spielerisch.

Sitzen:
Auch hier ändert sich nichts mehr. Das Bewegungsmuster Sitzen wird lediglich in seinen Funktionen gefestigt.

Laufen:
Das Laufen ist jetzt ein Bewegungsmuster, welches in allen Formen des Festhaltens an der Hand, an Möbelstücken usw. erprobt wird, bis es zu einem gefestigten Bewegungsablauf kommt. Das Laufen an der Hand geschieht breitbasig, das Körpergleichgewicht ist noch sehr labil, so dass der Säugling vor dem Hinfallen abgefangen werden muss.

Greifen:
Das Kind ist jetzt in der Lage Gegenstände zielgenau abzusetzen, hinzulegen oder einem Erwachsenen in die Hand zu legen. Die zeitlichen Folgen des Handelns werden besser aufeinander abgestimmt.

Perzeption*:
Das Kind lässt Gegenstände durch enge Öffnungen fallen. Die Auge-Handkoordination im räumlichen und zeitlichen Zusammenspiel (loslassen eines Gegenstandes, den Gegenstand räumlich in Beziehung bringen) findet statt.

Anhand dieser vereinfachten Übersicht der grobmotorischen Entwicklung, des Wahrnehmungsverhaltens und der Entwicklung des Greifens wird deutlich, dass grundlegende Funktionen im Säuglingsalter festgelegt werden.
Hervorgehoben in der Aufstellung in Fett- und Kursivschrift ist die Entwicklung des Greifens.
Leider erleben wir viel zu häufig, dass Kinder im Vorschulalter oder mit Eintritt in die Schule, die Grundformen des Greifens (siehe 10./11. Lebensmonat) nicht mehr beherrschen. Konnten sie mit dem 10./11. Lebensmonat bereits das Bewegungsmuster des Pinzetten- und Zangengriffs in unterschiedlichen Bewegungssituationen abrufen, z. B. beim Aufsammeln von Brotkrümeln, gelingt das Greifen eines Stiftes lediglich im Klammergriff. Gründe hierfür könnten die nicht erprobten Greifsituationen im Alltag sein. Nur durch das ausgiebige Spiel mit unterschiedlichsten Materialien kann das Kind das Greifen festigen und variieren. Darüber hinaus soll es durch Handlungsfolgen im wahrsten Sinnen des Wortes seine dingliche Umwelt „begreifen“.
In der Entwicklung des Säuglings zum Kleinkind werden die bereits erworbenen motorischen, perzeptorischen, kognitiven*, sozialen und sprachlichen Errungenschaften verbessert, verfeinert und vervollkommnet.
Aus einer Drehbewegung oder dem Wenden eines Spielzeuges entwickelt sich eine zunächst noch unvollkommene Schraubbewegung, die es dem Kind später ermöglicht Drehverschlüsse von einer Flasche zu lösen, Schrauben los- und festzudrehen oder das Schreiben als feinstmotorischen Handlungsprozess durchzuführen. Das Kind erhält genügend Möglichkeiten sämtliche Bewegungsfolgen immer wieder zu erproben. Ein passiv vor dem Fernseher „abgestelltes“ Kind wird um all diese Lernerfahrungen gebracht und später unter den Folgen seines motorisch passiven Verhaltens leiden. Verantwortlich sind in der Regel diejenigen, die das Bewegungsverhalten (Lernen durch Bewegung) des Kindes einschränken.
Nur durch das häufige Erproben aller Bewegungsmuster, ob Krabbeln, Gehen, Laufen oder Handlungsformen im feinmotorischen Bereich, kann sich das Kind entwickeln, seine motorischen Handlungskompetenzen festigen, verbessern oder sogar perfektionieren.
Alle erworbenen Bewegungsfertigkeiten sind bis ins hohe Lebensalter, im gesunden körperlichen Zustand, wiederverfügbar. Ausgenommen sind lediglich Bewegungsmuster oder Bewegungsverbindungen, die vom Körpergleichgewichtsverhalten, dem vestibulären* System abhängen.

Das Körpergleichgewichtsverhalten ist eine motorische Fähigkeit, die nie als fertiges Bewegungsmuster abgerufen werden kann. Diese „erworbene“ Fähigkeit kann bei einem „Vernachlässigen“ des Übens rückläufig sein.

Kapitel 2
Schreibauffälligkeiten und Schreibstörungen

(Zu Folgendem vergleiche: „Wenn das 'O' Ecken hat“ – Hauke Stehn, 2005)
Begriffsklärung

Wo fängt eine Schreibauffälligkeit an und was ist eine Schreibstörung, die durch eine motorische Leistungseinschränkung hervorgerufen wird?
Da keine eindeutige wissenschaftliche Definition vorliegt, orientiert man sich vornehmlich an der Interpretation der Symptomatik.
Handgeschriebenem begegnen wir täglich in unterschiedlichster Art. Die Formen der Buchstaben, die Leserlichkeit und die räumliche Darstellung sind die äußerlichen Kennzeichen einer Handschrift. Es ist jedoch ein Unterschied, ob ein Schreiber mit einer so genannten „schlechten“ Handschrift seine eigene Schrift lesen und erfassen soll, oder ob derselbe Text einem Fremdleser vorliegt. Da kann es schon zu erheblichen Schwierigkeiten oder Missverständnissen kommen.
Ob ein Schriftbild als normal, auffällig oder gestört eingestuft wird, zeigt der Vergleich mit der „Normschrift“, der Schrift, die wir in der Schule als ideales Schriftbild vorgeführt bekommen. Abweichungen von dieser Norm entstehen durch individuelle Einflüsse der schreibenden Person, z. B. durch Gemütszustände. Die Schriftdeutung macht sich diesen Umstand zu Nutze, indem sie versucht, Persönlichkeitsstrukturen des Schreibenden an Hand des Schriftbildes aufzudecken. Die motorischen Fähigkeiten werden dabei nicht berücksichtigt.
Eine **Schreibauffälligkeit** ist häufig nicht so leicht aufzudecken, wie es den Anschein haben mag, besonders dann, wenn die Schrift sofort visuell leicht zu erfassen ist. Für den Schreiber können sich jedoch bei der Herstellung der Schrift erhebliche Schwierigkeiten ergeben. Zwar ist er in der Lage, Schrift in lesbarer Form zu produzieren, benötigt aber für den Schreibvorgang zu viel Zeit. Der Zeitaufwand kann von Schreiber zu Schreiber deutlich variieren. Es ist möglich, dass die Bewegungsgeschwindigkeit sehr stark reduziert ist und z. B. ein Schüler Schwierigkeiten hat das Schreibtempo der Lerngruppe zu halten.
Dieser Umstand kann als Schreibauffälligkeit angesehen werden. Eine Erhöhung des Schreibtempos könnte zur Folge haben, dass dieses Kind häufiger seinen Schreibfluss wegen der motorischen Schwierigkeiten unterbrechen muss. Durch hastige Strichführung werden nun runde Buchstaben eckiger. Auch diese Tatsache kann als Schreibauffälligkeit definiert werden.
Schreibauffällige sind nicht in der Lage ausdauernd und normgerecht zu schreiben.
Als Schreiber mit einer **Schreibstörung** definiere ich die Personen, die nicht in der Lage sind, in einem angemessenen Zeitraum Schrift so niederzulegen, dass diese von ihnen selbst oder von anderen Lesern leicht und fließend zu erfassen ist. Die Buchstabenformen weichen weit von der vorgegebenen Normschrift ab.

Kapitel 3
Störungen der Grafomotorik

(Zu Folgendem : „Erstschreiben“ - Handreichungen für Diagnose- und Förderklasse, Staatsinstitut für Schulpädagogik und Bildungsforschung München)

Die Schrift kann in ihrem Entstehen vielen Störungen unterworfen sein, die jedoch nicht immer motorischer Art sein müssen. Es können auch psychische Ursachen vorliegen, die den Vorgang des Schreibens stark negativ beeinflussen.

Grafomotorische* Störungen können verschiedene Bereiche betreffen

Störungen der Bewegung :

- Störungen der Strichführung (Knickungen, Dellen, Verklecksungen, Tremor* , Ataxie*, mangelnde Elastizität)
- Störungen der Kontinuität (Anstückeln der Oberlängen, Hineinverbessern)
- Unvermögen Buchstaben zu verbinden
- Störungen der Druckgebung (unrhythmische Druckverhältnisse)
- extreme Größenschwankungen
- Störungen bei Parallel- und Rundstrichen

Störungen der Formgebung:

- nicht Alters entsprechender Schriftduktus*
- motorische Entwicklungsverzögerung als Ausdruck einer Gesamtentwicklungsverzögerung

Störung der Raumverteilung:

- starke Schwankungen in der Zeilenrichtung, im Neigungswinkel, im Wortabstand, unsichere Randbehandlung
- die allgemeine Bewegungsunsicherheit bzw. Störung wird auf das Raumbild übertragen (mangelnde räumliche Übersicht; Störungen im Erfassen und Wiedergeben eines gezeichneten Bildes).

Bei all diesen Störungen können gleichzeitig auch schnelle Ermüdbarkeit, Konzentrationsschwäche, Ablenkbarkeit, geringe Belastbarkeit und allgemeine Unruhe auftreten.

Kapitel 4
Hinweise und Hilfen im Umgang mit den Übungsvorschlägen

(Zu Folgendem vergl. „Erstschreiben" – Handreichungen für Diagnose und Förderklassen, Staatsinstitut für Schulpädagogik und Bildungsforschung München)

Grob- und feinmotorische Systeme sind eine funktionelle Einheit, sie lassen sich nicht scharf von einander trennen. Das reibungslose Zusammenspiel von Rücken-, Schulter-, Nacken-, Arm- und Handmuskulatur stellt eine wesentliche Bedingung des Schreibenlernens dar. Das Zusammenwirken aller am Schreibvorgang beteiligten Muskelgruppen sowie das Ausschalten von hemmenden Einflüssen muss bei der feinmotorischen Arbeit stets berücksichtigt werden. Kräftigungs- und Lockerungsübungen sollten im steten Wechsel dem Eigenrhythmus des Kindes entsprechend ausgeführt werden.

Die Übungen dürfen nicht in starren Drill ausarten, sondern die Freude an der Bewegung hat im Mittelpunkt zu stehen.

Das aufgeführte Übungsgut im praktischen Teil dient als Bewegungsidee und muss natürlich so verändert werden, dass es sich am motorischen Entwicklungsstand bzw. an den spezifischen motorischen Auffälligkeiten des Kindes orientiert. Mit der Auswahl der Übungen wird das Ziel einer zunehmenden Selbstregulierung und Selbstkontrolle des Kindes ins Auge gefasst.
Für die Feinmotorikförderung gilt (dies hat sich in langjähriger Praxis gezeigt und bewährt):

Eine tägliche 10-15 minütige feinmotorische Beschäftigung und Augenfunktionsübung im Unterricht oder häuslichen Bereich kommt vielen Kindern als schreibmotorische Unterstützung zu Gute.

Bei vielen statischen und dynamischen Fingerübungen können Augenbewegungen mit eingebunden werden. Das Sehen ist wichtiger Bestandteil des Schreibens und muss bei den Übungen nicht nur berücksichtigt, sondern in seinen Funktionen stabilisiert werden.
(zu Augenfunktionen: vergl. Regina Prieß/Uwe Seese [Funktionaloptometristen] in „Wenn das 'O' Ecken hat", Hauke Stehn, Kapitel 4)
Das Sehen ist das Bewusstwerden visueller Informationen. Die Sinneszellen der Augen wandeln die Bilder in Nervenimpulse um. Das Gehirn vergleicht die eingehenden Bildinformationen der

Augen mit den Informationen aller anderen Sinne. Die Qualität der Abbildung in den Augen hängt davon ab, wie gut die Augen auf das betrachtete Objekt ausgerichtet werden können. Dieses sind beides Fähigkeiten, an denen das Auge nur passiv mitwirkt, die Aktivität wird allein vom Gehirn gesteuert. Visuelle Erfassung des Objektes gelingt bei einer guten Funktionstüchtigkeit der Augen ohne Schwierigkeiten.
Die Fähigkeit mit beiden Augen in alle Richtungen sehen zu können ist abhängig von der weich aufeinander abgestimmten Bewegung beider Augen. Zwölf Muskeln, je Auge sechs, steuern unsere Augen. Bei der Fixierung eines Objektes sind sie so aufeinander abgestimmt, dass ein räumliches Sehen möglich ist. Es beschränkt sich hierbei nicht nur auf das dreidimensionale sondern schließt auch das flächige, zweidimensionale Sehen mit ein, so z. B. bei einem geschriebenen Wort auf einem Blatt Papier. Die „visuomotorische Koordination*" beschreibt die Fähigkeit, das Sehen mit den Bewegungen des Körpers oder Teilen des Körpers zu koordinieren. Das aufeinander Abstimmen in der Bewegung beider Augen bzw. eine gut funktionierende Augen-Folgebewegung benötigen wir beim Schreiben (die Augen verfolgen in minimalen Blicksprüngen den Stift) und beim Lesen. Eine schwache (hypotone*) Augenmuskulatur und eine verminderte Sehschärfe verhindert eine konstante Augenspannung beim Fixieren oder Verfolgen eines Gegenstandes. Wenn Folgebewegungen, Sakkaden und Vergenzen* nicht sicher beherrscht werden, ermüdet die Augenmuskulatur schnell und die visuelle Konzentration und Aufmerksamkeit nehmen ab. Die Folge ist, beim Schreiben wird der Schreibfluss nach einigen Zeilen häufiger unterbrochen (Anstückeln oder es läuft, wenn die Tintenfeder auf dem Papier stehen bleibt, Tinte aus), beim Lesen verlieren die Augen das zuletzt gelesene Wort oder rutschen aus der Zeile. Wir bezeichnen dies als **auffällige Augen-Folgebewegung und visuelle Fixierungsschwierigkeit.**

Zur Übungsdurchführung

Sie finden in der linken Spalte unter „Beobachtungen" die einzelnen Übungsvorschläge. Diese Vorschläge können Sie altersentsprechend auf das Kind abstimmen und verändern.

In der rechten Spalte unter „Ziele/Teilziele" können Sie, je nach diagnostizierter Schreibauffälligkeit, die Förderschwerpunkte zu den jeweiligen Übungen ablesen.

Bei Schriften, die „Ecken" an runden Buchstaben zeigen, handelt es sich um nicht automatisierte Bewegungen der Feinmotorik (Dysdiadochokinese*, siehe Pfeile in Abb. 1).
Die Kinder benötigen einen ständigen sich wiederholenden Bewegungsfluss (z. B. Kapitel 11.5 – Unsere Finger klatschen).
Kinder, die beim Schreiben in den Schreibkrampf gehen, den Schreibandruck nicht regulieren können, benötigen eine stabile Stift-Haltemotorik. Hier eignen sich Übungen zur Verbesserung der Statomotorik der Unterarm- und Fingermuskulatur (Übungen der Kapitel 13/14).
Kinder, die in der Greifmotorik nicht gefestigt sind, sollten verstärkt Übungen durchführen, bei denen einzelne Finger isoliert bewegt werden (Greifübungen mit Murmel, Kapitel 13).
Kinder, die einzelne Finger nicht richtig benennen können, sollten Übungen zum Körperschema durchführen (z. B. Kapitel 6/7) usw.

Übungen	**Ziele / Teilziele**
Hier finden Sie die Übungen	Hier wird beschrieben, welche Auswirkungen die Übungen auf die Hand- und Finger- und Unterarmfunktionen haben.

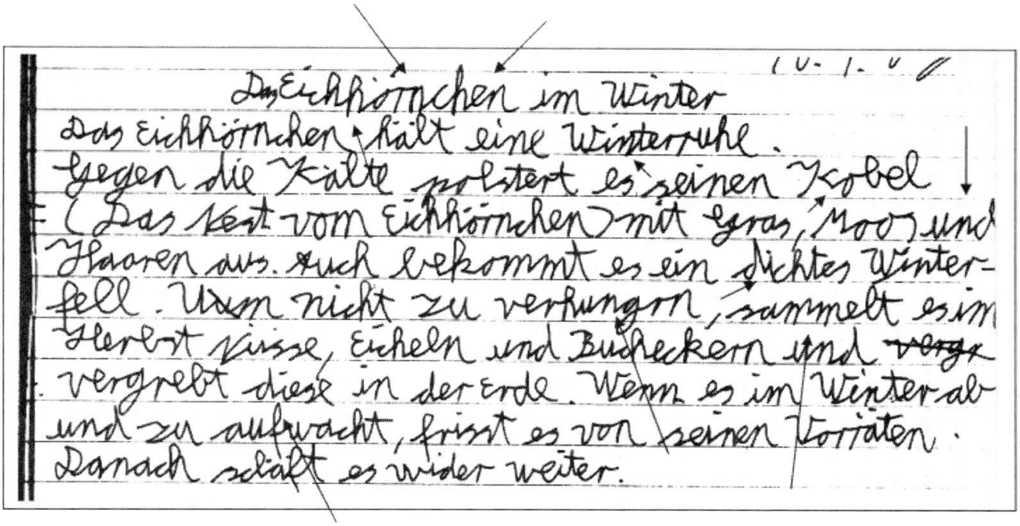

Abb. 1

Kapitel 4.1

Augenfunktionsübungen

Umgang mit statischen Augenübungen

(Augenmuskelanspannung über einen kurzen oder längerer Zeitraum halten, ca. 5-10 sec.)

Bei allen Übungen benötigen wir die visuelle Kontrolle, bis diese gefestigt oder automatisiert sind.

1. Wir erproben die Übungen mit geschlossenen Augen.
2. Fingerübungen mit sekundenweisen Blickkontakt zur
   rechten Seite – linken Seite – nach oben – oder nach unten usw.
   (der Kopf wird ruhig gehalten mit offenen oder geschlossenen Augen).

Umgang mit dynamischen Augenübungen

(Augenbeweglichkeit/ Augen-Folgebewegungen)

Während der Übungen, bei denen die Hände oder Spielobjekte mit den Augen verfolgt werden (Augen-Folgebewegungen), soll der Kopf ruhig gehalten werden, die Augen sollen die Gegenstände verfolgen (siehe z. B. ein fliegendes Sandsäckchen, Kapitel 12/12.1).

Die Übungen zu **Augen-Folgebewegungen** und zur **Fixation** können mit einem **Pendel** erfolgen. Dabei liegt das Kind in der Rückenlage auf dem Fußboden. Mittig über dem Kopf hängt ein Pendel (Band, an dem eine kleine Figur oder Puppe befestigt wird), Pendelabstand nicht unter 50cm (günstiger Abstand ca. 60-70 cm). Am Befestigungsende des Pendels, z. B. an der Decke, platzieren Sie ein Bild. Diese Übungen sind Bestandteil der **Padovan Methode** und werden so oder ähnlich von Funktionaloptometristen und Orthoptisten mit großem Erfolg durchgeführt.

a. Fixation/ Akkommodation

(Die Augen im Wechsel auf Gegenstände in der Nähe und in der Ferne scharf stellen)

Übung: Das Kind wechselt mehrfach den Blick zwischen dem Bild an der Decke und der hängenden Puppe.

b. Augenfolgebewegungen

(okulomotorische Koordination – beide Augen in der Bewegung aufeinander abstimmen)

Übung:
Das Pendel schwingt langsam in verschiedene Richtungen

1. von links nach rechtes

2. Kopfrichtung – Fußrichtung

3. von schräg oben links nach schräg unten rechts und umgekehrt

4. von schräg oben rechts nach schräg unten rechts und umgekehrt

5. Kreiselbewegungen rechts herum

6. Kreiselbewegungen links herum

Kapitel 5
Das Material/Materialbezugsquelle

Folgendes Übungsmaterial wird vorgeschlagen:

1. 1 Rundholz, ca. 8-10mm Durchmesser, 150-200 mm lang.
2. 2 Sandsäckchen,
   Maße: ca. 80mm x 80mm aus Stoffresten, Seiten verschiedenfarbig (s. Bild),
   Gewicht ca. 100 g, Füllung Sand oder kleine Kieselsteine.
3. Feinmotorikball (ersatzweise: Flummiball oder Squashball), ca. 30mm Durchmesser, der Ball muss griffig sein!
   Die Ballgröße sollte der Handgröße des Übenden angepasst sein.
4. Kleiner Plastikring, Durchmesser ca. 70-80 mm.
5. Mindestens 8 Murmeln, ca. 10-15 mm Durchmesser.
6. 20 farbige Wäscheklammern,
   je 5 Klammern in rot, blau, gelb und weiß.
   Die Klammern werden auf einem ca. 14 x 5 cm großen Pappstreifen nebeneinander festgeklemmt. Je eine Hälfte des Pappstreifens wird in der jeweiligen Klammerfarbe bemalt. Wenn Sie eine stabile Ausführung der Streifen anfertigen wollen, dann nehmen Sie an Stelle der Pappe 3 mm starkes Sperrholz in den angegebenen Maßen.
7. 1 Blei- oder Malstift,
   1 DIN A3 Papierbogen oder 4 DIN A4 Bögen.

Einen kompletten Spielsatz für ein Kind erhalten Sie über „LAFÜLIKI“, Laden für linkshändige Kinder, Schöttlingerstr. 7a, 31698 Lindhorst. Tel.: 05725 – 59 50, homepage: www.lafueliki.de oder www.lafueliki.com
Der komplette Spielsatz wird in einer Werkstatt für Behinderte zusammengestellt.

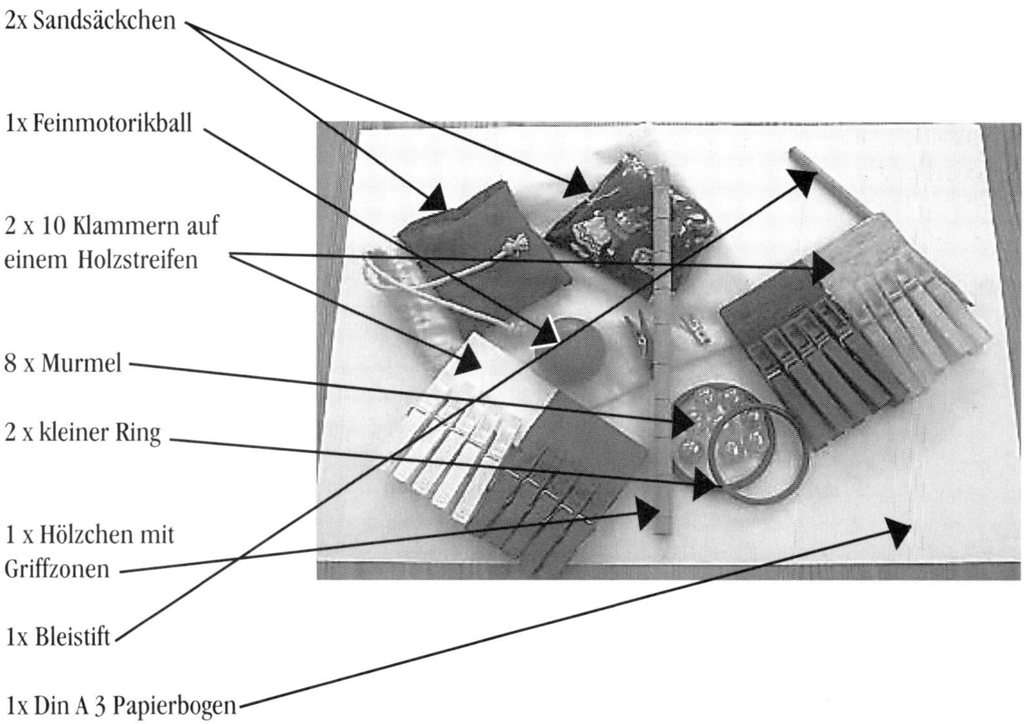

Kapitel 6
Hand- und Fingerzauber

Übungen	**Ziele / Teilziele**
	Spielformen
– Beide Hände verstecken sich hinter dem Rücken. Es erfolgt nun der „Zauberspruch" – „Hokus, Pokus ist nicht schwer, wir zaubern **eine Hand** jetzt her." oder „... **beide Hände** her" oder „... **die rechte Hand** her" oder „... **die linke Hand** her" (s. Bild). Selbstverständlich können wir die Hände mit diesem oder einem ähnlichen Zauberspruch wieder hinter den Rücken zaubern. „Hokus, Pokus Hexendreck die rechte Hand ist wieder weg." oder „...beide Hände sind wieder weg." usw. Die Hände werden anschließend wieder hinter den Rücken gebracht.	Reagieren, Festigen der Seitenbegriffe links und rechts. Sprache und Bewegung miteinander in Verbindung bringen. Hand-, Armbewegungen voneinander unabhängig isoliert bewegen. Spaß am Spiel (Zauberei).

Hinweis!
Die genannte Hand wird sofort hinter dem Rücken hervorgeholt.
Die Kinder vergleichen und korrigieren sich ggf.

Übungen	**Ziele / Teilziele**
– Mit dem gleichen Zauberspruch zaubern wir nun einzelne Finger hinter dem Rücken vor. „Hokus, Pokus ist nicht schwer, wir zaubern jetzt einen – **Zeigefinger her**." , – **...Mittelfinger her**" usw. (re. und li. fallen noch weg, einzelne Finger benennen).	Mittels Zauberspruch eine Bewegungsvorstellung schaffen und mit der geforderten Bewegung darauf reagieren. Fingerbewegungen voneinander isolieren. Körperschema*übung: Körperbegriff erarbeiten.

Übungen	Ziele / Teilziele
– **„Fingerzauber“:** Hier werden **Daumen** und **Zeigefinger** der **rechten Hand** hergezaubert.	
– Wir verändern die Anzahl der Finger: „Hokus, Pokus ist nicht schwer, wir zaubern jetzt – **zwei Zeigefinger** her.“ usw. Die einzelnen Finger benennen.	Zwei gleichnamige Finger koordiniert bewegen ohne hinzuschauen.
– Wir zaubern je Hand unterschiedliche Finger hervor: „Hokus, Pokus ist nicht schwer, wir zaubern jetzt den **rechten Zeigefinger** und den **linken Daumen** her.“	Verschiedene Finger isoliert bewegen und auf die Begriffe „links“ und „rechts“ reagieren (Seitigkeit festigen).
– ... den **linken Mittelfinger** und den **rechten Daumen** her.“	
– ...den **rechten kleinen Finger** und den **linken Zeigefinger** her.“	

Hinweis !

Nach jeder „Zauberei“ verschwinden die Hände wieder hinter dem Rücken.

Übungen	Ziele / Teilziele
Jetzt wird es schwieriger!!	Erhöhte Konzentrations- und Koordinationsanforderung.
– Wir zaubern **Zeigefinger und Daumen der rechten Hand** *und* **Mittelfinger und Daumen der linken Hand** her.“	
– ...den **kleinen Finger und Ringfinger der linken Hand** *und* **kleinen Finger und Daumen der rechten Hand** her.“	

Kapitel 7
Übungen zum Körperbegriff (Körperteilbezeichnungen der Hand)

Material:
1 Bleistift oder Malstift,1 DIN A 3 Papierbogen

Übungen

Wir lernen unsere Hände und Finger kennen!
- Wir legen eine Hand (gestreckt mit Fingerschluss) auf den Papierbogen und umfahren sie mit einem Stift (Abb. 1).
- Wir heben die Hand vom Papier und betrachten die entstandene Zeichnung. Wir bemerken, dass die einzelnen Finger nicht zu erkennen sind.
  Nun legen wir die Hand genau auf den Umriss und setzen zwischen die Finger an der Basis jeweils einen Punkt (Abb. 2).
- Nun verbinden wir die Punkte mit den Bogenenden der Fingerspitzen.
- Wir geben den Fingern Namen und der Hand die Seitenbezeichnung „rechts“ oder „links“.
- Nun legen wir die umzeichnete Hand neben das Bild und ergänzen fehlende Details wie Fingernägel oder Hautfalten.
- Die **gleiche Übung** führen wir nun mit der **anderen Hand** durch.

Ziele / Teilziele

Auge-Handkoordination*,
Koordination beider Hände,
je eine Hand im statomotorischen* bzw. im dynamischen Prozess.
Umriss einer Hand erkennen,
technischen Ablauf des Zeichnens beherrschen.
Erkennen der Hand- Finger-proportionen,
differenziertes Erkennen einzelner Fingerteile,
Festigen des Körperschemas*,
Körperteile benennen.

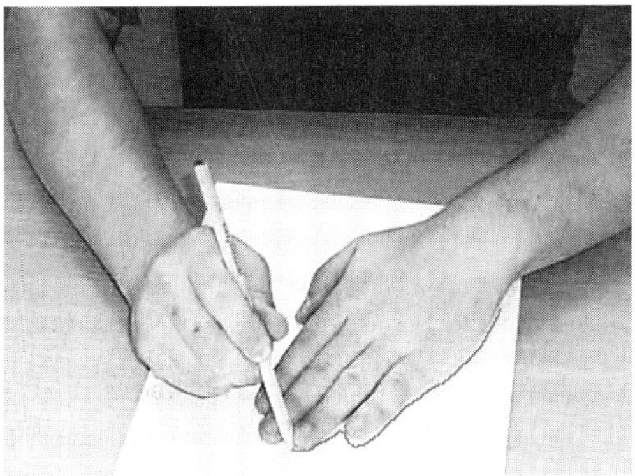

Abb. 1

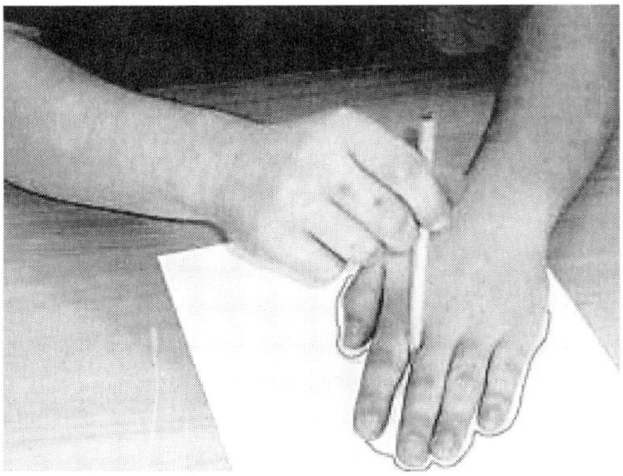

Abb. 2

Kapitel 7.1

Fingergymnastik

Die folgenden Übungen sollten erst einzeln erprobt werden. Später können Sie die Bewegungen mit die Musik-CD „Fingerbewegungen nach Musik“ rhythmisch unterstützen.

Eine weitere Erschwernis erfolgt in der Verbindung mit den in Kapitel 4 beschriebenen Augenübungen.

Übungen — **Ziele / Teilziele**

Übungsvorbereitung

Für die Fingergymnastik benötigen wir die Zeichnungen der rechten und linken Hand.
Wir legen die Hände genau auf die Zeichnungen.

Ziele / Teilziele: Auge-Handsteuerung, zielgenaues Setzen der Hände in die vorgegebene Position.

Hinweis!
Um ein Zerknicken der Zeichnung zu vermeiden, laminieren Sie diese oder stecken sie in eine Klarsichtfolie.

Übungen — **Ziele / Teilziele**

Übung: rechts, links

Auf Zuruf des Spielleiters wird entweder die rechte oder linke Hand von der Zeichnung gehoben (Abb. 1).
Nach jedem Zuruf wird sie wieder in die Ausgangsposition gebracht.

Ziele / Teilziele: Festigen der Seitigkeitsbegriffe, zielgenaues Setzen der Hände in die vorgegebene Position.

Übung: einzelne Finger heben und strecken

Wir versuchen einzelne Finger zu heben und dann wieder auf die Zeichnung abzusenken in der Reihenfolge:

- Daumen
- Zeigefinger
- Mittelfinger (Abb. 2)
- Ringfinger
- kleiner Finger
- anschließend Handwechsel

Ziele / Teilziele: Fingerbewegungen isolieren, hohe Anforderung an die Statomotorik der Unterarm- und Fingermuskulatur.

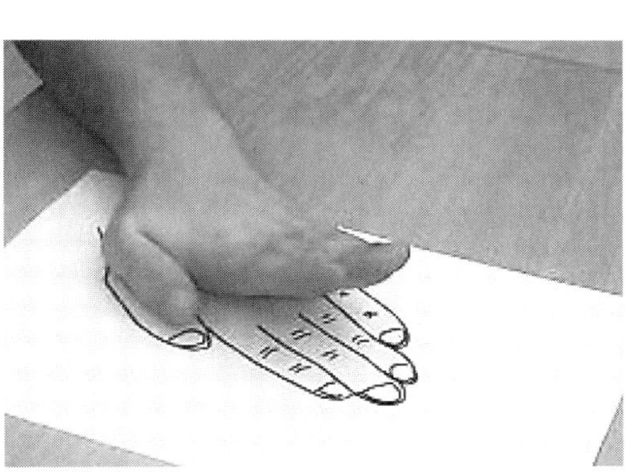

Abb. 1

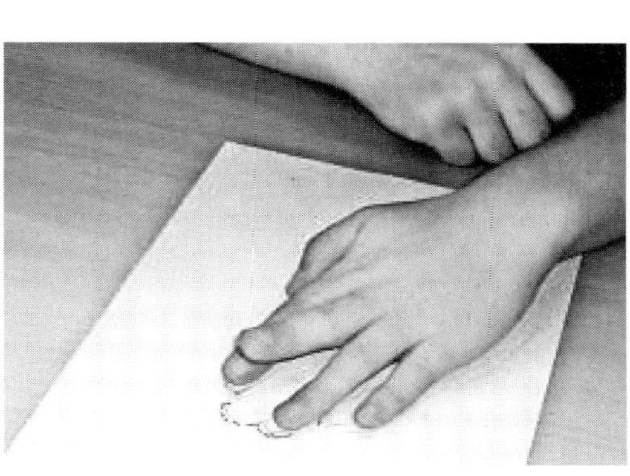

Abb. 2

Hinweis!
Auf Grund der hohen muskulären Anspannung unbedingt die Übungsdauer der jeweiligen Person anpassen, eher kurze Übungszeiten und längere Entspannungsphasen (Verhältnis 1:3), in der Entspannungsphase z. B. ausschütteln der Hände, pendeln mit den Armen usw.

Übungen	Ziele / Teilziele
Übung: Gruppenspiel Wie oben jedoch als Gruppenspiel. Die aufgerufenen Finger werden gestreckt vom Papier gehoben und wieder abgelegt.	Gruppenspielform
Übung: Benachbarte Finger heben, z. B. – Daumen und Zeigefinger – Zeigefinger und Mittelfinger – Mittelfinger und Ringfinger – Ringfinger und kleiner Finger, usw...	Erhöhte Konzentrationsanforderung bei hoher Muskelspannung im Unterarm. Die Statomotorik/Greifmuskulatur wird stabilisiert und gekräftigt.
Übung: Nicht benachbarte Finger heben, z. B. – Daumen und Mittelfinger – Zeigefinger und Ringfinger – Daumen und kleiner Finger – Zeigefinger und Ringfinger, usw. Anschließend Handwechsel und Entspannungsübungen	Erhöhte Konzentrationsanforderung, Wechsel von Muskelspannung und -entspannung erfahren. Kräftigung von deutlich mehr Muskelgruppen der Greifmuskulatur.
Übung: Finger beider Seiten gleichzeitig heben Je **zwei benachbarte Finger** beider Hände, z. B. – Zeigefinger und Mittelfinger (re.und li.) – Mittelfinger und Ringfinger (re. und li.), usw...	Übung verbal erklären oder vorgeben, Koordination beider Hände, erhöhte Konzentrationsanforderung, erhöhter Muskeltonus.
Je **zwei nicht benachbarte Finger** beider Hände, z. B. – Daumen und Mittelfinger (re. und li.) – Zeigefinger und Ringfinger (re. und li.), usw... – Finger heben: zwei benachbarte Finger – Finger heben: nicht benachbarte Finger – rechte Hand: Zeigefinger – Mittelfinger – rechte Hand: Zeigefinger – Ringfinger – linke Hand: Ringfinger – kleiner Finger – linke Hand: Mittelfinger – kleiner Finger	Fingerbewegungen isolieren.

Hinweis!
Zu den folgenden Übungen finden Sie musikalische Begleitung auf der Musik- CD „Fingerbewegungen nach Musik" Titel 4, „Fingerabspreizlied."
Weitere Informationen Seite 100.

Übungen	Ziele / Teilziele
Einzelne Finger abspreizen	
Wir legen unsere Hand im geschlossenen Zustand flach auf die Zeichnung.	Hohe Anforderung an die Statomotorik bzw. Haltemotorik der Unterarmmuskeln.
– Wir **spreizen** erst **den Daumen weit ab** und führen ihn wieder zurück (häufige Wdh. oder musikalisch begleiten).	Die Daumenfunktion in der seitlichen Abspreizung verbessern.
– Der **Daumen bleibt** schließlich weit von der Hand **abgespreizt liegen** auch der **kleine Finger wird weitabgespreizt** und abgelegt (Abb. 3).	Die Bewegungsfunktion des kl. Fingers in der seitlichen Abspreizung verbessern.
– Jetzt bewegt sich der **Zeigefinger** seitwärts **zwischen dem Daumen und Mittelfinger** hin und her und **bleibt** schließlich in Richtung Daumen **abgespreizt liegen.**	Die Bewegungsfunktion des Zeigefingers in der seitlichen Abspreizung verbessern.
– Nun bewegt sich der **Ringfinger zwischen dem kleinen und Mittelfinger** seitwärts hin und her und bleibt schließlich **in Richtung kleinem Finger abgespreizt liegen.**	Die Bewegungsfunktion des Ringfingers in der seitlichen Abspreizung verbessern.
– Jetzt ist die Hand weit gespreizt, der **Mittelfinger bewegt sich zwischen dem Ring- und Zeigefinger** hin und her (Abb. 4).	Die Bewegungsfunktion des Mittelfingers in der seitlichen Abspreizung verbessern.

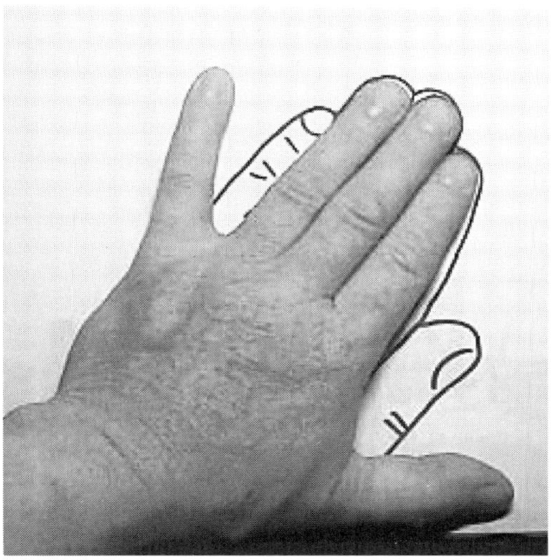

Abb. 3

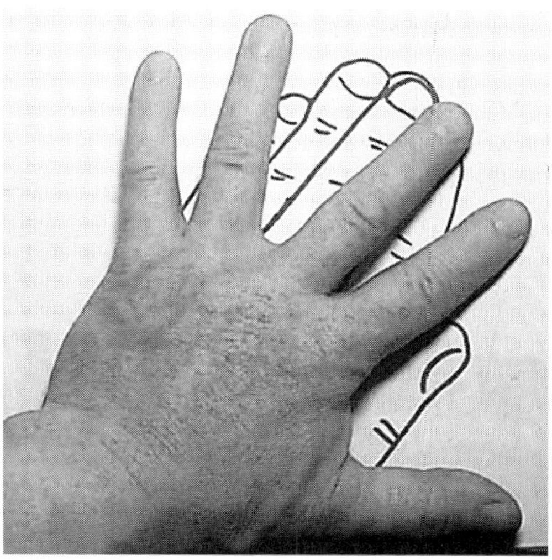

Abb. 4

Kapitel 8
Lied: „Zehn kleine Fingerlein“
Melodie: „Zehn kleine Negerlein“

Das Lied befindet sich auf der Musik-CD „Fingerbewegungen nach Musik“ (weitere Informationen Seite 100).

Eine Steigerung des Schwierigkeitsgrades der Fingerübungen erfolgt in Verbindung mit den in Kapitel 4.1 beschriebenen Augenübungen.

1. Zehn kleine Fingerlein, die wollen toben geh'n,
sie laufen auf dem Tisch entlang
und bleiben schließlich steh'n.

> **Hinweis!**
> Beim Refrain werden die Finger aus der Faust heraus nacheinander ausgestreckt bis alle zehn gestreckt sind.

Ref.: Ein klein, zwei klein, drei klein, vier klein,
fünf klein, sechs klein, sieben klein, acht klein,
neun klein, zehn klein Fingerlein.

2. Zehn kleine Fingerlein, die lieben sich gar sehr,
sie falten sich zusammen
und sie zappeln hin und her.

Ref.

3. Zehn kleine Fingerlein, die suchen ein Versteck,
sie sausen in die Hosentaschen
und sind auf einmal weg.

Ref.

4. Zehn kleine Fingerlein die sind ja ganz zerzaust,
sie ordnen sich ganz schnelle
und sie bilden eine Faust.

Ref.

> **Hinweis!**
> Nun werden die Finger einzeln angesprochen, der genannte Finger wird bewegt.

5. Der Daumen und der Zeigefinger, die sprechen sich jetzt ab.
Sie spielen eine Schere
und sie machen schnipp und schnapp.

Ref.

6. Der Daumen und der Mittelfinger, die sind ja gar nicht bange,
sie berühren ihre Spitzen
und spielen heute Zange.

Ref.

7. Und der nette Ringfinger, der findet's gar nicht schwer,
er hat heut seine Turnstunde
und bewegt sich hin und her.

Ref.

8. Auch der süße, kleine Finger findet Turnen fein,
er übt zuerst 'ne Rolle
dafür macht er sich ganz klein.

Ref.

9. Und wenn ihr meint es hat Spaß gemacht,
dann hört noch einmal her,
jetzt fangt noch mal von vorne an,
die Finger mögen's sehr.

Ref.

Hinweis!
Die Kinder sollten beim Aufzählen der Finger laut mitsingen.
Eher langsam singen und bewegen, Rhythmus der Bewegung anpassen!
Eine weitere Schwierigkeitssteigerung sind Übungen in Verbindung mit dem Kreuzen der Körpermitte, z. B.
a. Wir überkreuzen die Hände und strecken nun nacheinander die Finger heraus.
b. Wie a., aber abwechselndes Ausstrecken der Finger links und rechts.
c. Wie b., aber mit Augenfunktionsübung, die Augen verfolgen das Herausstrecken der Finger **ohne** Kopfdrehung.
d. Die Hände werden in Augenhöhe ohne Kopfdrehung an den Rand des Gesichtsfeldes gehalten. Die Augen verfolgen nun das Strecken der Finger.

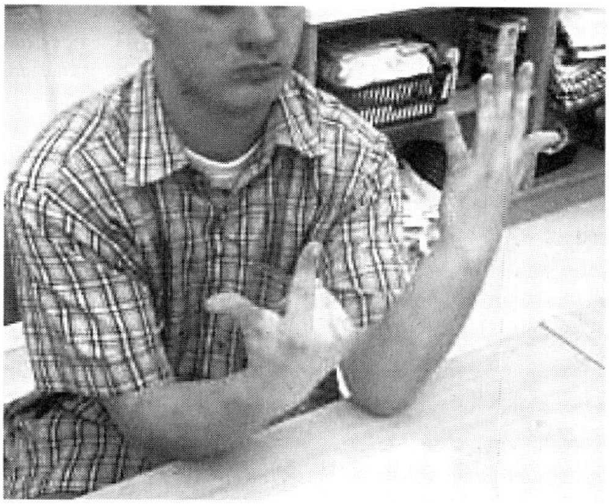
Abb. 1

Kapitel 9
Übungen mit dem kleinen Hölzchen

Material:
Rundholz ca. 8- 10 cm Durchmesser, Länge ca. 150- 200mm, eventuell mit farbigen Feldern markieren (Abb. in Kapitel 5).

Hinweis!
Die folgenden Übungen können mit ruhiger Musik untermalt werden (z. B. Titel 9 oder 10 der Musik – CD „Fingerbewegung nach Musik"), um einen rhythmisierten Bewegungsablauf zu erzielen. Ein zielgenaueres Greifen ermöglicht das Bekleben des Hölzchens mit farbigen Klebestreifen. Jetzt können alle unten aufgeführten Übungen in den farbigen Feldern erfolgen, z. B. die rhythmische Übergabe nur in das grüne, blaue oder gelbe Feld usw.

Übungen	Ziele / Teilziele
Greifen: Das Hölzchen wird senkrecht gehalten von – Daumen und Zeigefinger – rhythmische Übergabe zwischen rechts und links (Abb. 1) – Daumen und Mittelfinger – rhythmische Übergabe zwischen rechts und links – Daumen und Ringfinger – rhythmische Übergabe zwischen rechts und links – Daumen und kleiner Finger – rhythmische Übergabe zwischen rechts und links	Festigen und Stabilisieren der Greifmuster – Pinzettengriff*, Zangengriff*, Automatisieren eines Greifmusters, Koordinieren zweier Seiten, Konzentrationsübungen.

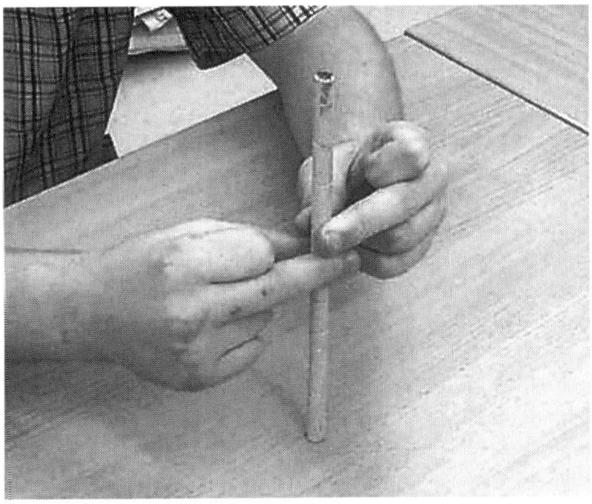

Abb. 1

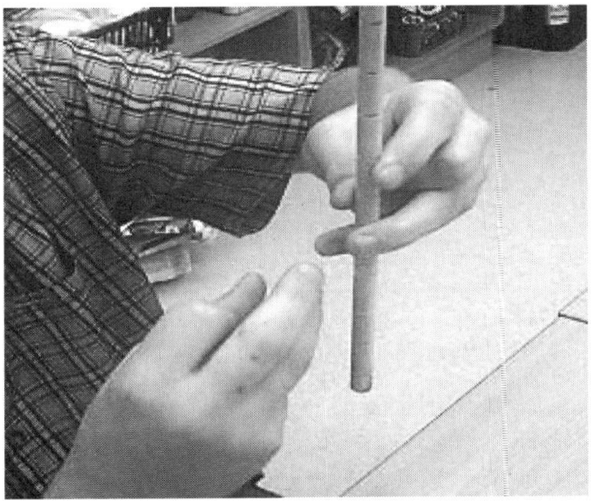

Abb. 2

Hinweis!
Die Greifübungen können auch mit Musikuntermalung und auf Zuruf erfolgen. Voraussetzung hierfür ist, dass die Kinder die Finger richtig benennen können. Falls dies noch nicht fehlerfrei gelingt, sollten Sie die Übungen zeigen und dann nachvollziehen lassen. Danach können diese Übungen im Mehrfingergriff erprobt werden.

Übungen	Ziele / Teilziele
Greifen mit drei Fingern (zwei benachbart) Die folgenden Übungen langsam durchführen, am besten mit ruhiger Musik untermalen.	Erhöhte Konzentrations-, Koordinations- und Muskeltonusanforderung. Kräftigung der Unterarm- und Fingermuskulatur. Die Stifthaltemotorik wird gefestigt und verbessert.

- Daumen, Zeigefinger, Mittelfinger greifen den Stab, dann Übergabe an die andere Hand.
- Daumen, Mittelfinger, Ringfinger... , dann Übergabe...
- Daumen, Ringfinger, kleiner Finger... , dann Übergabe...

Greifen mit drei Fingern (zwei **nicht** benachbart)

- Daumen, Zeigefinger, Ringfinger... , dann Übergabe... (Abb. 2).
- Daumen, Zeigefinger, kleiner Finger... , dann Übergabe...
- Daumen, Mittelfinger, kleiner Finger... , dann Übergabe...

Kapitel 9.1
Zielgenaue Greifübung: Leiterchenspiel

Übungen	Ziele / Teilziele
Das Hölzchen wird senkrecht gehalten (anfangs unten gegriffen).	Auge-Hand-Koordination Fingerbeweglichkeit, zielgenaues Greifen mit zwei, drei Fingern, Konzentrationsanforderung, Muskeltonusanpassung. Bewegung der Finger isolieren, Automatisieren eines handmotorischen Bewegungsablaufes. Motivation durch Spielformen.

- **Rechter Daumen und Zeigefinger** halten das Hölzchen unten fest, **linker Daumen und Zeigefinger** fassen nun das Hölzchen knapp darüber (erste Leitersprosse), das erste Fingerpaar schiebt sich wieder darüber (zweite Leitersprosse) usw.
  Daumen und Zeigefinger beider Hände steigen die Leiter hinauf und hinunter (Abb.).

- Das Leiterchenspiel wird nun mit den anderen Fingern ausgeführt, z. B.
  Daumen – Mittelfinger,
  Daumen – Ringfinger,
  Daumen – kleiner Finger

- Andere Drei- Finger- Greifvarianten ergeben sich:
  Daumen – Zeigefinger – Mittelfinger
  Daumen – Mittelfinger – Ringfinger
  Daumen – Ringfinger – kleiner Finger usw.

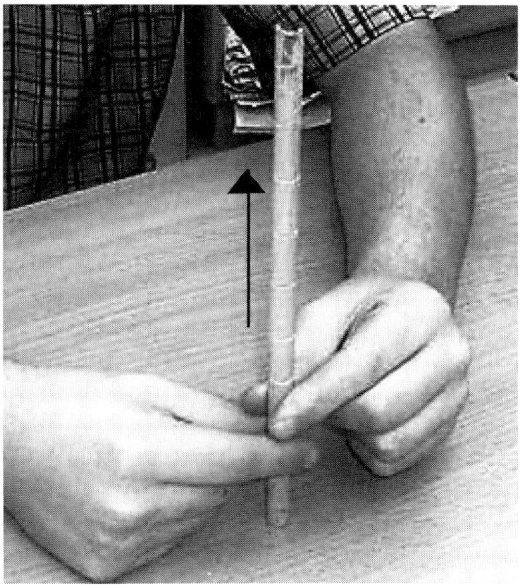

Kapitel 9.2

Zielgenaues Greifen: Fahrradtour mit dem kleinen Hölzchen

Spielidee: Das Hölzchen als Fahrrad, die Radachse befindet sich in der Mitte des Hölzchens (eventuell farbig markieren)

Übungen

Das Hölzchen wird mit Daumen und Zeigefinger in der Mitte gegriffen und soweit wie es geht in eine Richtung gedreht. Jetzt übernehmen Daumen und Mittelfinger der anderen Hand das Hölzchen und drehen es in dieselbe Richtung weiter, dann erfolgt wieder die Übergabe an das andere Fingerpaar. Diese Bewegung lässt sich vorwärts und rückwärts durchführen. Dazu kann eine kleine Geschichte erzählt werden. Die Finger sind die Radfahrer. Sie fahren den Berg hinauf (bis über den Kopf – Abb., rechts herum, (die Finger bewegen sich nach rechts), links herum oder den Berg hinunter (die Hände mit gestreckten Armen bis zum Boden führen).

Ziele / Teilziele

Zielgenaues Bewegen verschiedener Fingerpaare.
Verbessern der Fingerbeweglichkeit.
Automatisieren des Bewegungsablaufs (Diadochokinese*).

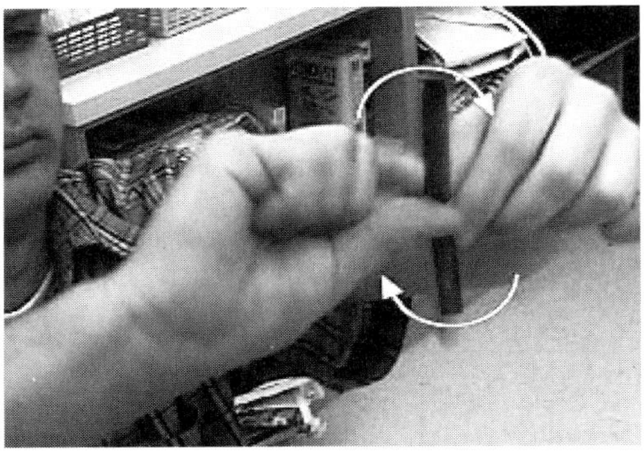

Hinweis!
Die Schreibfinger sollten jetzt häufiger eingesetzt werden!

Übungen

Mit folgenden Fingern können wir inzwischen Fahrrad fahren:

Daumen – Zeigefinger
– Mittelfinger
– Ringfinger
– kleiner Finger

– Zeige- und Mittelfinger
– Mittel- und Ringfinger
– Ring- und kleiner Finger
} Dreifingergriff (z.B. Kapitel 9, Abb. 2)

Ziele / Teilziele

Greifmuster der Schreibfinger festigen.
Einbinden automatisierter Bewegungsabläufe in eine Bewegungsgeschichte.
Automatisieren eines Greifmusters mit mehreren Fingern.
Koordinieren verschiedener Fingerbewegungen.

Kapitel 9.3

Übungen zur Verbesserung der Statomotorik und Feinsteuerung

Übungen	Ziele / Teilziele
– Das Hölzchen wird auf die **ausgestreckte Innenhand gelegt, die Finger sind weit gespreizt,** vier Finger (nicht der Daumen) berühren das Hölzchen. Wir prüfen am besten auf Augenhöhe nach, ob auch jeder Finger am Holz liegt. Nun **versuchen** wir, **den Mittelfinger vom Hölzchen** nach unten **wegzuführen** (Abb. 1), ohne dass es sich bewegt. Wir probieren es der Reihe nach mit allen vier Fingern. Nach dem Lösen vom Holz wird der Finger wieder vorsichtig an den Ausgangspunkt zurückgeführt. Wenn diese Übung in ausreichendem Maße gelingt, versuchen wir zwei Finger gleichzeitig zu lösen (Abb. 2). – Die gleichen Übungen können nun mit der anderen Hand durchgeführt werden. Danach wird das Hölzchen von oben auf die Finger gelegt (Abb. 3).	Richtige Kraftdosierung, Koordination von Fingern, Konzentrationsübungen, stabilisieren der Statomotorik* in der Unterarm-, Hand- und Fingermuskulatur, Auge- Hand-Koordination*, Anforderung an die visuelle Fixierung.

Hinweis!

Bei allen Übungen sollten wir darauf achten, dass körpernahe Bewegungen einfacher durchzuführen sind als körperferne Bewegungen.
Sie fallen leichter, wenn der Oberarm am Körper fixiert wird.

Dynamische Bewegungen und Feinsteuerung im Umgang mit dem Hölzchen

Die folgenden Übungen sollten öfter durchgeführt werden mit eigener Problemlösung jedes Übungsangebotes, die sich im Schwierigkeitsgrad steigern.

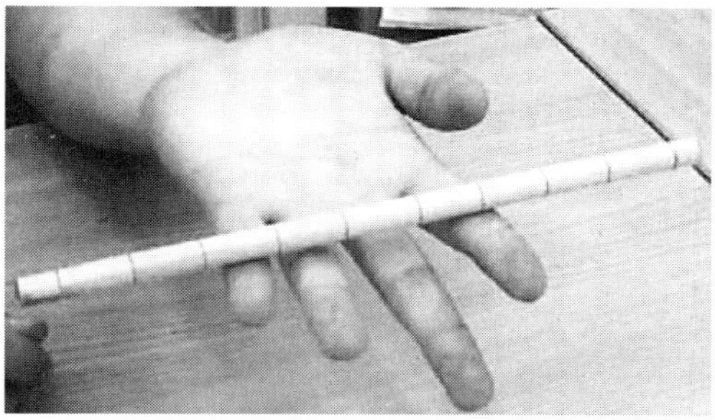

Abb. 1

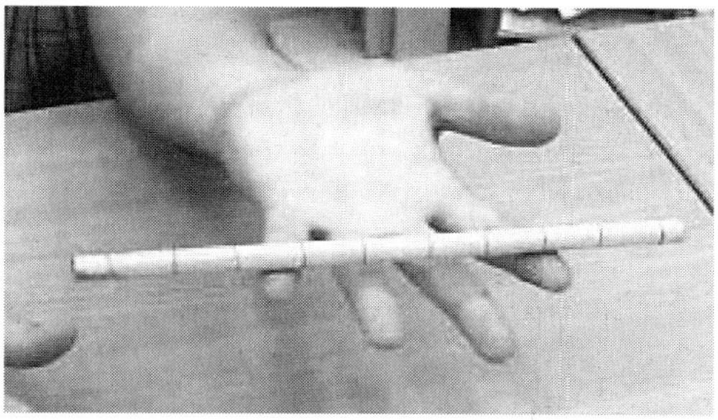

Abb. 2

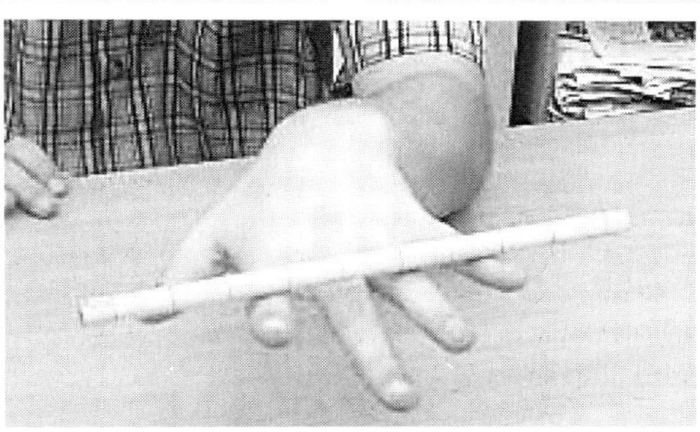

Abb. 3

Übungen	Ziele / Teilziele
– Das Hölzchen wird auf die **flache Innenhand** gelegt und **hochgeworfen** (mehrfacher Versuch mit erneutem **Auffangen** des Hölzchens **mit beiden Händen).**	Kraftdosierte Übung, Auge-Hand-Koordination*.

Hinweis!

Die Möglichkeit einer häufigen Eigenerprobung ohne Korrektur sollte hier gegeben sein. (Selbsterfahrung)

Übungen	Ziele / Teilziele
– Das Hölzchen wird auf die **flache Innenhand** gelegt, hochgeworfen und **mit derselben Hand** wieder **aufgefangen** (Handwechsel).	Auge-Handgeschick einer Hand, statomotorische* und dynamische Motorik der Arm- Handmotorik, Koordination der Hände.
– Das Hölzchen wird auf die **gestreckten Finger** (Außenhand) gelegt, **hochgeworfen** und wieder aufgefangen (**Auffangen nur mit der Wurfhand** oder mit beiden Händen), Wechsel der Wurfhand.	Schnelle Beuge- und Streckbewegung der Unterarmmuskulatur.
– Das Hölzchen wird auf **die gestreckten Finger** der Außenhand **gelegt**, hochgeworfen, dann nach einer **Handdrehung** (Innenfläche zeigt nach oben) aufgefangen, danach Handwechsel.	Bewegungsablauf koordinieren.
– Das Hölzchen wird auf die gestreckten Finger der Außenhand gelegt, hochgeworfen und **mit derselben Hand** ohne Handdrehung (die Innenfläche zeigt nach unten) wieder aufgefangen, Handwechsel. – Das Hölzchen wird auf die gestreckte Innenhand gelegt, hochgeworfen und **mit derselben Hand** wieder aufgefangen, Handwechsel. – Das Hölzchen wird auf die Finger der gestreckten **rechten** Innenhand gelegt, hochgeworfen und mit der **linken Innenhand** wieder aufgefangen. Nun erfolgt in gleicher Weise der Abwurf mit der **linken Hand** und das Fangen mit der **rechten Hand**.	Zielgenaues Greifen während eines dynamischen Bewegungsablaufes, erhöhte Anforderung an die Statomotorik* im Unterarm, kraftdosierte Übung und zielorientiertes Handeln, statische und dynamische Bewegungsprozesse miteinander verbinden.
– Das Hölzchen wird auf die gestreckten Finger der rechten Innenhand gelegt, hochgeworfen, Handdrehung, Auffangen mit der **Außenhand** (am besten möglich, wenn die Finger gespreizt sind), Handwechsel.	Hohe Konzentrationsanforderung, diadochokinetische Bewegung, hohe statomotorische Anforderung an die Hand-Fingermuskulatur.

Auch dieses gelingt einigen Kindern!

– Das Hölzchen wird auf die gestreckten Finger der rechten Innenhand gelegt, hochgeworfen, Handdrehung, Auffangen mit der **Außenhand** (am besten möglich, wenn die Finger leicht gespreizt sind), Handwechsel.

Kapitel 10

Übungen mit dem kleinen Plastikring

Material:
kl. Plastikring, Durchmesser ca. 70-80 mm, ersatzweise kann auch ein gleichgroßes Gummiband oder ein Gardinenring eingesetzt werden.
Bezugsquelle: siehe Kapitel 5.

Übungen	Ziele / Teilziele
Gerätegewöhnung (Erprobung) Beschäftigung mit dem Ring ohne Bewegungsvorgabe.	Kreative Experimentierphase.
– **Die Finger üben das Einsteigen in den Ring**	Streckung eines Fingers.
Der **rechte Zeigefinger** steigt in den Ring ein, alle anderen Finger sind zur Faust geschlossen (Abb. 1).	Statomotorik der Fingermuskulatur stabilisieren.
– Der **rechte** übergibt den Ring an den **linken Zeigefinger** (Abb. 2) – Der **linke Zeigefinger** übergibt den Ring an den **rechten Mittelfinger.**	Koordination einzelner Finger und der Hände, Kräftigung der Statomotorik* der Unterarm- und Fingermuskulatur, zielorientiertes Handeln.
Es folgen die Übergaben an die restlichen Finger im ständigen Seitenwechsel.	

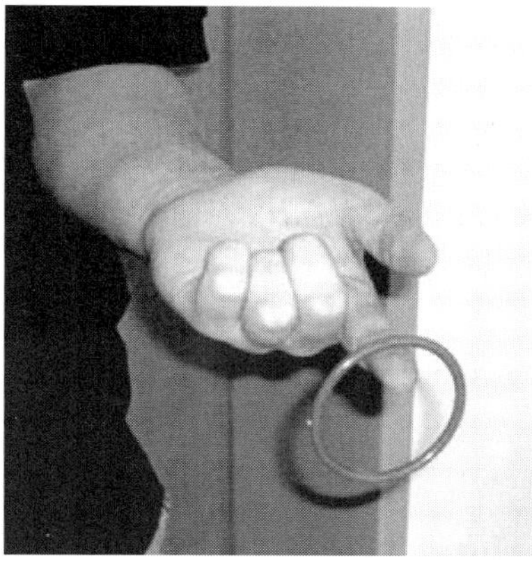

Abb. 1

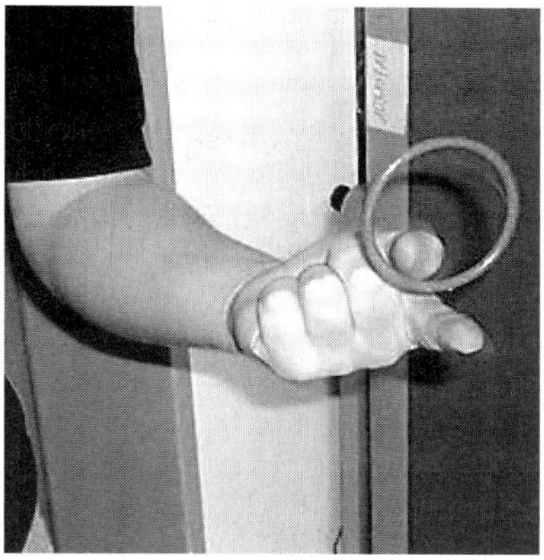

Abb. 1b

Den Ring tragen (Abb. 1) oder den Ring am Zeigefinger schaukeln, in der Aufwärtsbewegung nach oben auf die Handinnenfläche kippen (Abb. 1b).

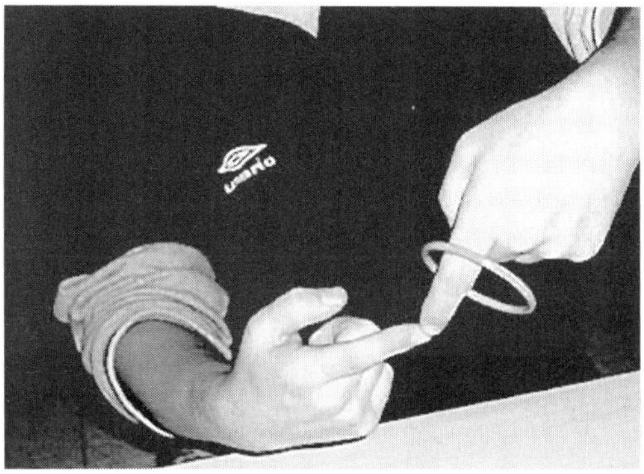

Abb. 2

Übergabe des Ringes durch eine Kippbewegung der Hände vom linken zum rechten Zeigefinger (Abb. 2)

Hinweis!
Sollten die Begriffe „rechts“ und „links“ noch nicht gefestigt sein, wechselt der Ring einfach „von einer zur anderen Seite“.

Übungen	Ziele / Teilziele
– Wir wechseln nach vorheriger Ansage des Spielleiters zu den vorher benannten Fingern. – Die Übergaben erfolgen auf Zuruf, z. B. der Ring befindet sich gerade auf dem Mittelfinger der rechten Hand – Zuruf: „Kleiner Finger links!“ – der Ring wird auf den entsprechenden Finger gesetzt.	Konzentrationsübung, Auge-Hand-Geschick, kraftdosierte Übung, erhöhte Konzentration, Statomotorik* der Unterarm- und Fingermuskulatur verbessern.
Die inaktiven Finger immer zur Faust schließen lassen.	
– Aufstehen vom Platz ohne den Ring aus den Augen zu lassen oder zu verlieren. Mit dem Ring auf einem Finger um Gegenstände im Raum herumlaufen (Abb. 5). oder – auf den Stuhl steigen oder – unter dem Tisch hindurch krabbeln ohne den Ring zu verlieren.	Bewegungsüberhang durch hinzukommende grobmotorische Impulse abbauen, Feinsteuerung einzelner Finger verbessern, subdominante Hand* belasten, Fingerbeweglichkeitsübung, Koordination der Finger und der Hände.
Der Ring wird mit zwei Fingern beider Hände getragen, z. B. mit dem rechten Mittelfinger und dem linken kleinen Finger. – Die Handflächen werden beim Tragen des Ringes abwechselnd nach oben bzw. unten gedreht. – Alle Finger **einer** Hand versuchen nacheinander in den Ring einzusteigen. Der Ring hängt beispielsweise auf dem Zeigefinger. Der Mittelfinger schiebt sich nun hinein (Abb. 3/Abb. 4)und übernimmt den Ring, – der Zeigefinger gesellt sich zu den anderen Fingern der Faust, usw. – Auch die Daumen können in das Übergabespiel mit einbezogen werden. – Auf Zuruf steigen verschiedene Finger der rechten und linken Hand in den Ring ein. Es können auch zwei, bzw. drei Finger gleichzeitig einsteigen.	Koordination beider Hände, Fingerbewegungen der rechten und linken Hand isolieren. Körperbegriff* und Seitenbegrifflichkeit festigen. Fingerbeweglichkeit in der Beuge- und Streckbewegung aktivieren.
– Die Übergabe kann auch in Partnerform erfolgen.	Ich-Kompetenz im Zusammenwirken mit einem Partner erproben.

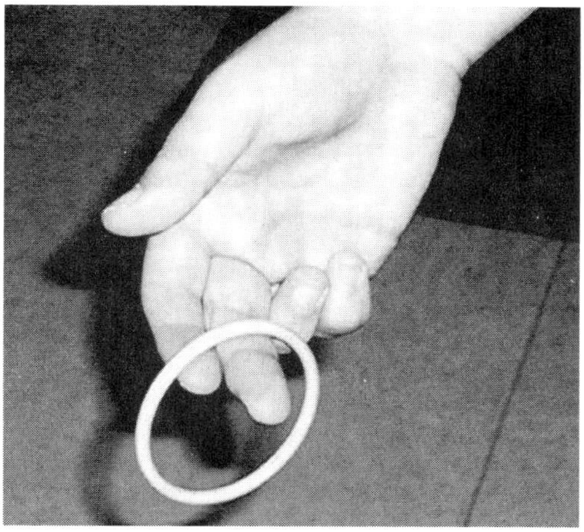

Abb. 3

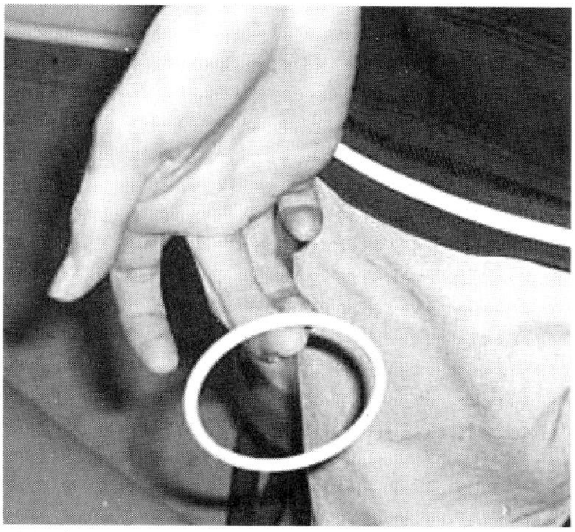

Abb. 4

Einsteigen einzelner Finger mit nach unten gehaltener Handinnenfläche. Hier das Einsteigen und die Übergabe vom Zeige- auf den Mittelfinger.

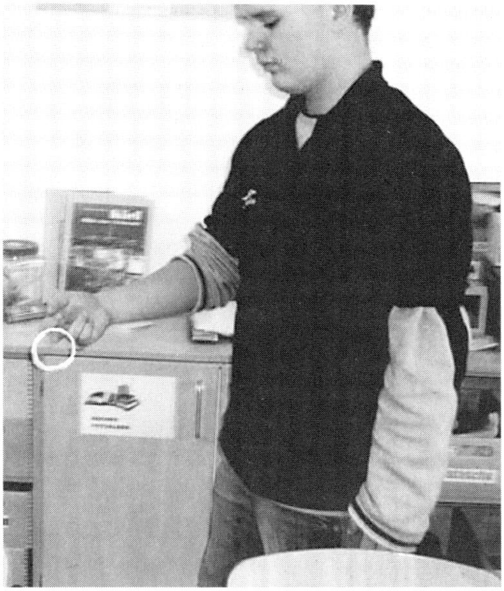

Abb. 5

Übungen	**Ziele / Teilziele**
– **Der Ring hängt am ausgestreckten Zeigefinger**, die Handinnenfläche zeigt nach oben (Abb. 1/1b). – Aus dem leichten **Vor- und Rückpendeln des Ringes** versuchen wir, diesem **in der Aufwärtsbewegung** so viel **Schwung mitzugeben**, dass er nach einer halben Drehung auf die **Innenhandfläche** fällt. Diese Übung führen wir mit allen Fingern beider Hände durch. (Für einige Kinder ist es einfacher, wenn der Ring auf zwei Fingern hängt!)	Übung zur Feinsteuerung und Kraftdosierung, statomotorische* Übung einzelner Finger, Konzentrationsübung, isolierte Bewegung einzelner Finger, dynamische und statische Bewegungsprozesse der Hand-Fingermotorik aufeinander abstimmen.

Kapitel 10.1
Wir fahren Fahrrad

Bewegungsgeschichte mit dem kleinen Plastikring

In diesem Abschnitt wird eine Bewegungsgeschichte erzählt. Voraussetzung zum Mitspielen ist die Fähigkeit, Finger isoliert und die rechte und linke Hand koordiniert zu bewegen. Mit einiger Fantasie lässt sich diese Geschichte verändern oder ergänzen.

Die **Daumen** haben zu ihrem Geburtstag ein Fahrrad bekommen, ein Mountainbike mit 12 Gängen. Das Fahrrad ist rot (Farbe des jeweiligen Ringes), hat eine Klingel (Klingelgeräusch erzeugen) und eine Bremse.

Die **Daumen** wollen heute Fahrrad fahren (Ring an einen Daumen hängen, der zweite Daumen steigt unten ein).

Zunächst schlagen sie ein gemütliches Tempo an, denn sie müssen das Fahren erst noch lernen (beide Daumen drehen den Ring in langsamem Tempo vom Körper weg). Nach einer Weile werden die Daumen müde. Sie treffen zufällig die **Zeigefinger**.

„Hallo, ihr seid doch die Zeigefinger, unsere Nachbarn!“ „Na klar“, antworten sie und bewundern das neue Fahrrad mit den zwölf Gängen. Die Daumen fragen sie, ob sie nicht Lust hätten auch eine Strecke zu fahren. Die **Zeigefinger**, als beste Sportler unter den Fingern, sind natürlich sofort begeistert dabei und steigen wie selbstverständlich auf (Fingerwechsel).

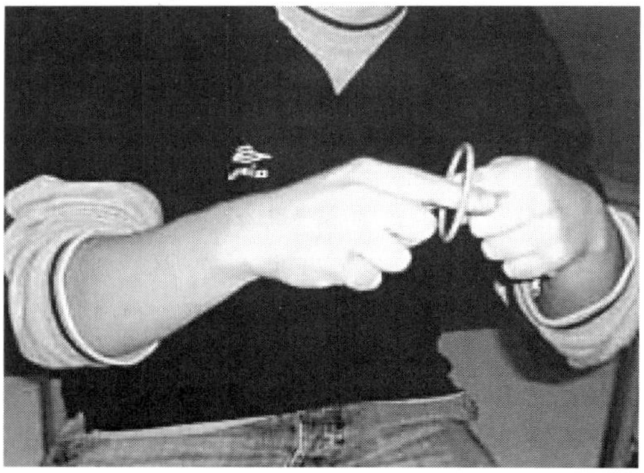

Abb. 1

Sie klingeln (Geräusch) und fahren (Abb. 1) langsam im dritten Gang los. Nach kurzer Zeit kommen sie an einen Berg und müssen auf den ersten Gang zurückschalten (Schaltgeräusch verursachen – mit der Zunge schnalzen). Den Berg schaffen sie nur langsam unter größter Anstrengung, denn er ist sehr steil (Abb. 2).

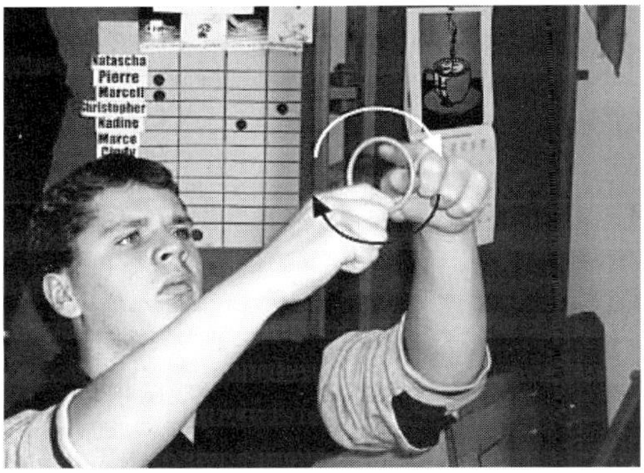

Abb. 2

Oben angekommen werden sie wieder schneller und schneller, denn nun geht es bergab. Plötzlich fahren sie über einen Ast (Arme machen einen kleinen Hüpfer), dann liegt ein Stein im Wege (sie schlagen eine kleine Linkskurve, der Ring wird immer weiter gedreht, die Arme bewegen sich nach links). Die Zeigefinger haben inzwischen schon Schweißperlen auf der Stirn. Nun erreichen sie einen Wald. Dort treffen sie auf die **Mittelfinger**.

Die Zeige- und die Mittelfinger sind beste Freunde, die sich oft gegenseitig helfen, vor allem in der Schule, denn dort halten sie zusammen mit den Daumen die Schreibstifte. Die Zeigefinger erzählen von ihrer wilden Fahrt und fragen die **Mittelfinger**, ob sie auch einmal eine schöne Tour mit dem geliehenen Fahrrad machen wollen. Die Mittelfinger willigen sofort ein, setzen sich auf das Rad und fahren frohgemut in den Wald hinein. Sie fahren langsam, denn der Waldweg ist vom Regen etwas aufgeweicht. Es ist aber noch ein schöner Tag geworden. Die Sonnenstrahlen kämpfen sich durch die Wolken und gucken nun zwischen Zweigen und Blättern hindurch und die Vögel fangen an zu zwitschern (Pfeifen).

Plötzlich hören die Mittelfinger hinter sich ein lautes Geräusch, ein Knacken und Grunzen (Geräusch nachahmen). Die Finger drehen sich um und entdecken ein dickes Wildschwein, das wütend hinter dem Fahrrad her rennt. Sie bekommen es mit der Angst und fahren nun so schnell sie können über dicke Äste, Steine, Linkskurve, Rechtskurve, und dann sind sie endlich aus dem Wald heraus. Das Wildschwein ist zum Glück nicht mehr zu sehen. Die Mittelfinger sind völlig außer Atem und der Schweiß rinnt ihnen nur so von der Stirn. Da stoßen sie unverhofft auf die **Ringfinger**.

Die älteren Ringfinger sind am Sport und der Bewegung nicht so interessiert. Ihre Freizeit verbringen sie am liebsten mit dem Herumtragen von Schmuck, einem Verlobungs- oder Ehering vielleicht. Die Mittelfinger wissen natürlich, dass die Ringfinger recht unsportlich sind und nicht so gern mit dem Fahrrad fahren. Sie fragen sie aber trotzdem, ob sie nicht etwas für ihre Gesundheit tun wollen. Natürlich möchten die Ringfinger zeigen, dass auch sie mit dem Rad fahren können. Sie steigen auf und geben sich mächtig Mühe in die Pedale zu treten. Schnell erkennen sie, dass sie noch viel üben müssen, damit sie annähernd genauso gut fahren können wie die Mittelfinger. Die Ringfinger fahren in die Stadt, natürlich auf dem Radweg. An einer Kreuzung treffen sie die kleinen..., sie kommen nicht auf ihren Namen. Die „Kleinen" rufen keck wie immer: „Hallo, ihr Ringfinger, kennt ihr uns nicht mehr? Wir sind doch die **Kleinen Finger**, eure Nachbarn!" Schnell fragen die **Ringfinger**, ob die **Kleinen** nicht auch einmal das Mountainbike ausprobieren möchten, das sie sich von den **Mittelfingern** geborgt hatten, die es wiederum von den **Zeigefingern** ausgeliehen hatten, welches aber den **Daumen** gehörte.

Die Kleinen Finger überlegen nicht lange und rufen: „Das kommt uns wie gerufen. Es ist fünf Minuten vor Ladenschluss und wir wollten noch schnell ein großes, leckeres Eis kaufen!" Sie setzen sich geschwinde auf das Rad und radeln so schnell sie nur können los. Sie flitzen um die Kurven, mal rechts herum, mal links herum, dann geradeaus und wieder links herum und rechts herum und dann haben sie den Eisladen erreicht. Schnell steigen die Kleinen Finger vom Rad, laufen in den Laden (Finger laufen über den Tisch) und kaufen sich das ersehnte Eis.

Begierig schlecken sie es in Null-Komma-Nichts auf. Dann springen sie wieder aufs Rad und fahren glücklich zurück. Dabei kommt ihnen die Idee doch einmal **rückwärts** zu **fahren** (Drehbewegung zum Körper hin). Das sehen die Ringfinger und denken: „Was die Kleinen können, das können wir schon lange!" Auch die Ringfinger erproben das Rückwärtsfahren. Es geht doch schwerer als erwartet und sie beherrschen es nicht so gut wie die Kleinen, doch das macht ihnen nichts, sie haben trotzdem Spaß. Am Waldrand angekommen warten dort schon die Mittelfinger ganz ungeduldig. Sie staunen über das kleine Kunststückchen der Ringfinger, denn sonst strengen sich diese beiden nicht gerade gern an. Ganz selbstsicher rufen die Mittelfinger den Ringfingern zu: „ Das können wir allemal!" Und schon geht die Post rückwärts ab, mitten in den Wald hinein. Zum Glück haben sie das Wildschwein nicht wieder aufgeschreckt, sonst hätten sie wohl doch lieber vorwärts fahren müssen, da das ja schneller geht. Auf der anderen Seite des Waldes warten die unruhigen Zeigefinger. Sie trauen sich das Kunststückchen der Mittelfinger auch mit geschlossenen Augen zu, zumindest auf einem geraden Wegstück. Doch sie müssen noch den Berg bewältigen, der ihnen auf der Hintour keine Schwierigkeiten bereitete. Es wird schwer, denn nun sind sie müde. Sie strengen sich sehr an gleichmäßig zu fahren. Endlich ist es geschafft, sie sind oben. Von dort sehen sie die Daumen faul in der Sonne im hohen Sommergras liegen. Die Zeigefinger freuen sich auf ein kleines Nickerchen und sausen schnell den Berg hinab. Die Daumen räkeln sich müde im Gras. „Ihr hättet euch noch viel Zeit lassen können, wir müssen noch nicht nach Hause!" Die Daumen hören staunend die Geschichte der Zeigefinger und möchten nun natürlich auch einmal das Rückwärtsfahren ausprobieren. Sie steigen auf das Rad und fahren fröhlich rückwärts heim. Die Zeigefinger aber finden endlich die erhoffte Ruhe.

Kapitel 10.2
Wurfübungen mit dem kleinen Plastikring

Hinweis!
Ähnlich wie bei Wurfübungen mit dem Sandsäckchen und dem kleinen Ball (siehe dort), können wir verschiedene Wurfübungen in ähnlicher Form auch mit dem kleinen Ring durchführen.
Die Anforderung an die Feinsteuerung und Kraftdosierung ist jetzt deutlich höher.

Übungen	Ziele / Teilziele
– Den Ring mit einer Hand hochwerfen und wieder auffangen (Aufgabenlösung freistellen).	Erprobungsphase, Materialgewöhnung,
– Den Ring mit der **re. Innenhand hochwerfen** und mit **derselben Hand** wieder **auffangen** (Handwechsel).	Auge-Handsteuerung, Handlungsablauf erproben,
– Den Ring mit der **rechten, gestreckten Außenhand hochwerfen** und mit **der re. gestreckten Innenhand wieder auffangen** (Abb. 1-2 /Handwechsel).	durch das Strecken der Hand wird die Unterarm-Fingermuskulatur gekräftigt und die Statomotorik* der Muskelgruppen verbessert.
– Den Ring mit der gestreckten **re. Innenhand** hochwerfen und mit der gestreckten **li. Innenhand auffangen** und umgekehrt.	Handlungsfolgen werden durch das häufige Üben stabilisiert, die dominante Hand in der Feinsteuerung gefördert.
– **Schwierig!** Den Ring mit der **re. Innenhand** hochwerfen und mit der **re. Außenhand** auffangen.	

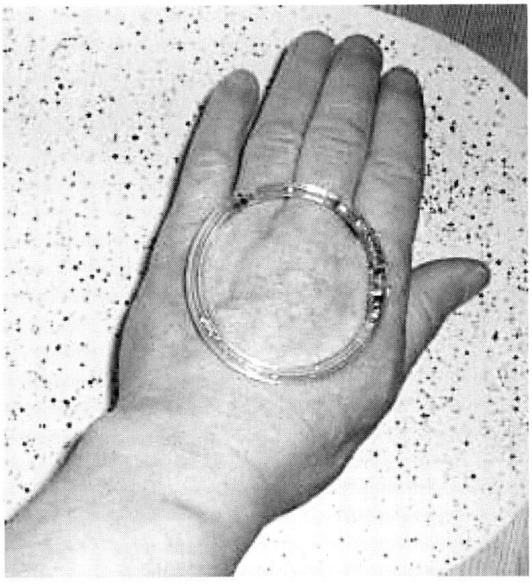
Abb. 1

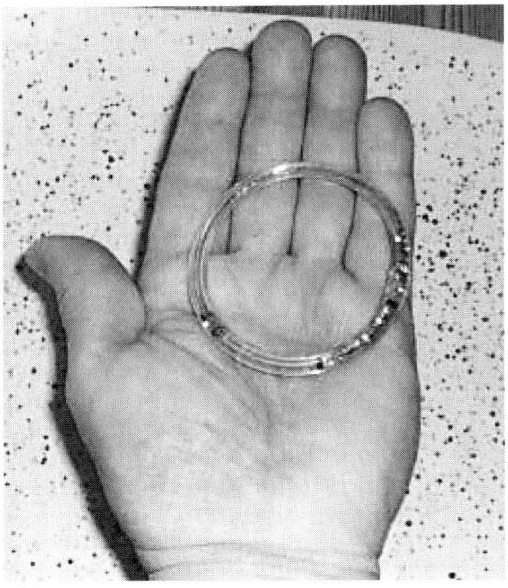
Abb. 2

Ring mit der gestreckten Außenhand hochwerfen... und mit der Innenhand auffangen.

Hinweis!
Um den Ring besser fangen zu können, sollten die Kinder einige Tipps bekommen.
– Der Ring sollte sich während des Fluges nicht zu häufig drehen.
– Die Wurfhöhe sollte so verändert werden, dass der Ring leichter zu fangen ist.

Übungen	Ziele / Teilziele
– Der Ring wird mit der **gestreckten Innenhand** so hochgeworfen und wieder auffangen, dass er sich in der Luft: – kaum dreht – ½ Drehung oder 1 Drehung durchführt.	Erhöhte Anforderung an die Feinsteuerung der Hand-Fingermotorik, Visuomotorik* und Blickrichtungsfähigkeit der Augen.
– **Schwierig!** Der Ring wird mit **der re. gestreckten Hand** hochgeworfen (½ oder ganze Drehung in der Luft) und mit der **rechten Außenhand** wieder **aufgefangen**. **Erproben:** Die Finger dürfen beim Abwurf und Fangen abgespreizt oder gestreckt geschlossen gehalten werden (Handwechsel).	Drehbewegungsfähigkeit der Unterarmmotorik wird stabilisiert und verbessert; die Rotationsfähigkeit des Unterarmes begünstigt die runde Schreibbewegung.
– **Schwierig!** Den Ring mit der **gestreckten re. Innenhand** hochwerfen und nur mit dem **Zeigefinger** wieder auffangen Übungsvarianten: Auffangen mit dem – Daumen – Zeigefinger – Mittelfinger – Ringfinger – kleinen Finger – Daumen u. Zeigefinger – Zeige- und Mittelfinger – Mittel- und Ringfinger (Handwechsel)	Grob- und feinmotorische Bewegungsprozesse miteinender verbinden, Fingerbewegungen von einander isolieren. Erhöhte Anforderung an die Koordinationsfähigkeit der Finger.
– Den Ring auf den **Zeigefinger hängen**, Handfläche zeigt nach oben. (Übungsstart ähnlich wie in Kapitel 10 beschrieben). Den Ring mit einer kurzen Kippbewegung **hochwerfen** und mit der **Hand auffangen**. Abwurfübung mit verschiedenen Fingern durchführen (Handwechsel).	Statomotorik eines Fingers stabilisieren. Unterarmmotorik (Stifthaltemotorik) stabilisieren und kräftigen.
– Den Ring mit dem **Zeigefinger** (wie vorher) **hochwerfen** und **mit demselben Finger wieder auffangen** (alle anderen Finger befinden sich möglichst in der Fausthaltung- Abb. 3-5). Die Abwurf- und Fangübung mit verschiedenen Fingern durchführen (Handwechsel).	Sehr hohe Anforderung an die Kraftdosierung, Augenbeweglichkeit, visuomotorische Koordination* und Statomotorik*.
– Wie oben jedoch Abwurf mit dem Zeigefinger re. und fangen mit dem Zeigefinger der linken Hand. – Übungsdurchführung mit verschiedenen Fingern.	

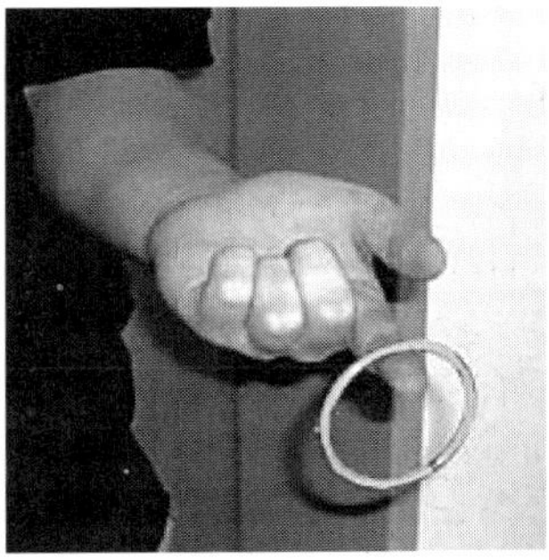

Abb. 3
Pendeln

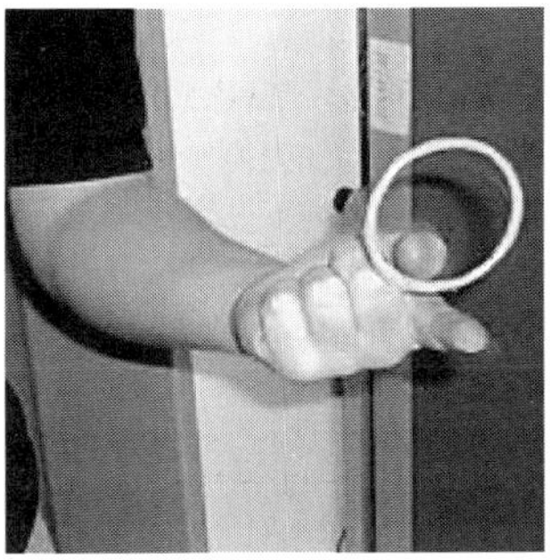

Abb. 4
Abwurf

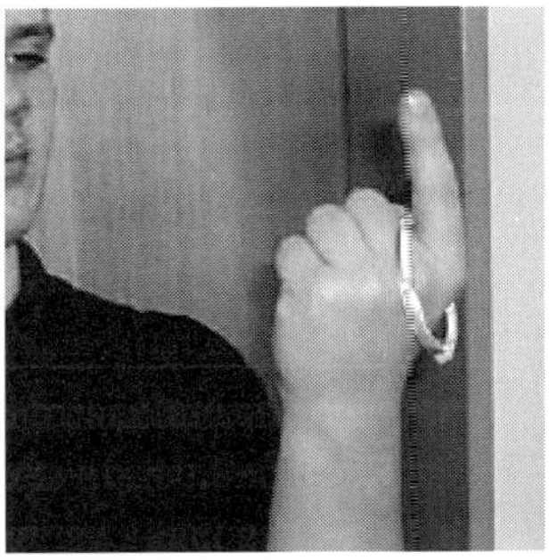

Abb. 5
Auffangen

Kapitel 10.3

Kreiselbewegungen mit dem kleinen Plastikring

Übungen	Ziele / Teilziele
– Ring liegt auf dem glatten Tisch, **Zeigefinger wird senkrecht in den Ring** gesteckt. Durch **leichte Bewegungen des Armes, Hand** oder Fingers wird der **Ring in eine Kreiselbewegung** versetzt. – Freie Bewegungsgestaltung (Abb. 1). – Der Ellenbogen wird auf den Tisch gestützt. – Der Unterarm liegt auf dem Tisch. Übungsdurchführung mit verschiedenen Fingern.	Bewegungserprobung, kreative Phase, Materialgewöhnung, Automatisieren eines vorgegebenen Handlungsablaufes, – automatisierte Rotationsbewegung im Handgelenk, – automatisierte Rotationsbewegung in der Finger- und Handgelenksbewegung.
– Wir lassen jetzt **zwei Ringe auf dem Tisch kreiseln** (Abb. 2). – mit den Zeigefingern – freie Bewegungsgestaltung – mit den Zeigefingern – Ellenbogen liegt auf dem Tisch – mit den Zeigefingern – Unterarm liegt auf dem Tisch Übungsdurchführung mit verschiedenen Fingern. – Jetzt lassen wir die Ringe – gegeneinander drehen – rechts herum drehen – links herum drehen	Koordinationsfähigkeit beider Hände/Finger verbessern, Automatisieren eines Bewegungsablaufes, der der Schreibbewegung ähnlich ist, hohe visuomotorische und Konzentrationsanforderung.

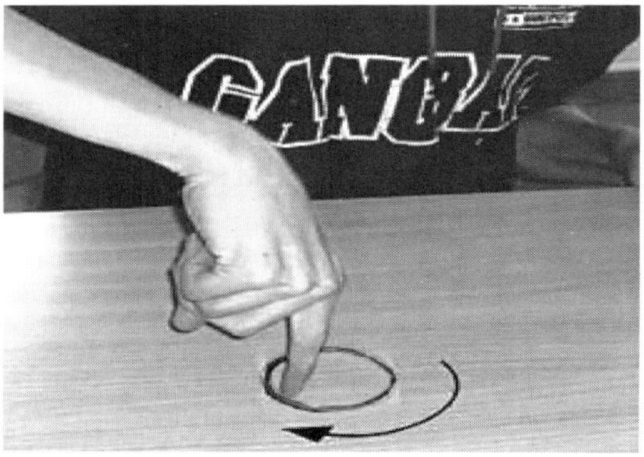

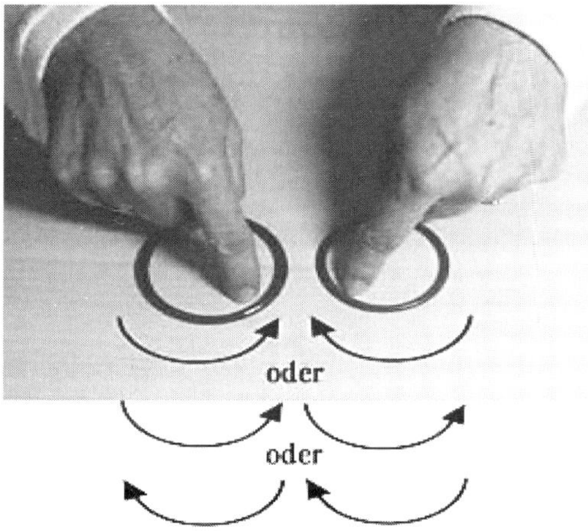

Übungen	Ziele / Teilziele
– Wir führen die Übungen wie oben durch, jedoch **ohne den kreiselnden Finger,** stattdessen **mit einem Stift. Wir malen ein „Kreiselbild"** (Abb. 3). – Wir halten den Stift in der gewohnten Stifthaltung – Wir halten den Stift nur mit dem – Daumen und Zeigefinger – Daumen und Mittelfinger – Daumen und Ringfinger – Daumen und kleinen Finger – Daumen , Zeige- und Mittelfinger – Daumen, Mittel- und Ringfinger – Daumen, Zeige- und kleinen Finger (Abb. 4) – Daumen, Zeige- und Ringfinger – Daumen, Mittel- und kleinen Finger – alle Finger an den Stift.	Stifthaltungsveränderungen am Stift erproben. Stifthaltemotorik stabilisieren. Fingerbewegungen isolieren. Hohe Anforderung an die Hand-Fingergeschicklichkeit. Kreiselbewegung ist ein automatisierter, koordinierter Bewegungsprozess der Unterarm- und Fingermotorik.

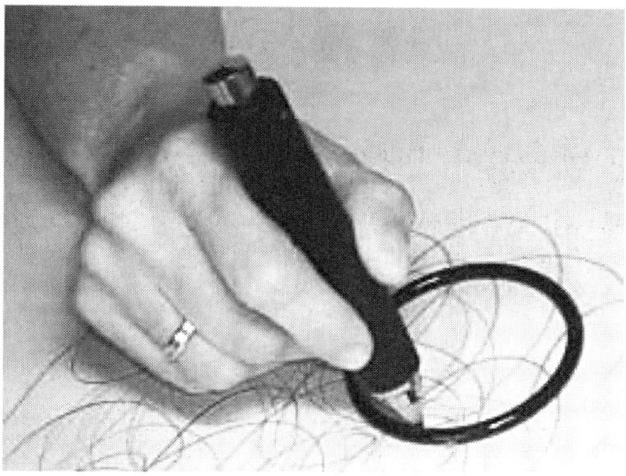

Abb. 3
Kreiselbild malen – gewohnte Stifthaltung

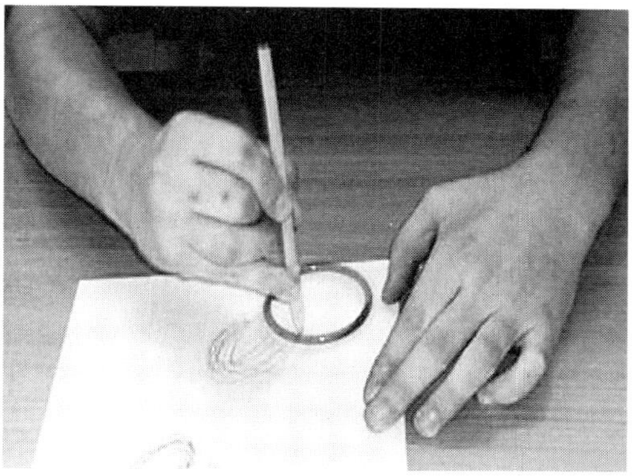

Abb. 4
Kreiselbild malen – Dreifingerstifthaltung mit dem Daumen, Zeige- und kleiner Finger

Kapitel 10.4

Arm-, Hand-, Fingergeschick

Übungen	Ziele / Teilziele
– Der **Ring wird auf den gestreckten Zeigefinger** gehängt. Die anderen Finger können a. als Faust b. oder auch leicht geöffnet gehalten werden. Den **Zeigefinger mit einer langsamen Drehbewegung,** im Zusammenspiel mit der Arm-Handgelenksdrehung **unter dem Arm durchführen,** Ellenbogen und Oberarm fast waagerecht zur Schulter hochziehen (Bildfolge Abb. 1-3).	Auseinandersetzung mit einem neuen Bewegungsmuster. Geschicklichkeit und hohe Koordinationsanforderung an die Schulter-, Arm-, Hand- und Fingermotorik.
– Jetzt führen wir die Übungen mit anderen Fingern durch – bei geöffneter Hand – in der Fausthaltung.	Fingerbewegung auf die Hand-, Unterarm- und Körpermotorik abstimmen. Visuelle Kontrollfunktionsanforderung.
– **Schwierig!** Jetzt mit zwei Fingern zur gleichen Zeit. (Abb. 4) oder mit zwei Ringen zur gleichen Zeit (Abb. 5)	
– **Schwierig!** Wir nehmen uns einen Stift oder das Hölzchen (Kapitel 9), hängen den Ring auf. Das Hölzchen halten wir mit den Fingern. Es wird ähnlich wie oben beschrieben unter dem Arm unterdurchgeführt, ohne den Ring zu verlieren (Abb. 6).	Koordination beider Arme, Hände und Finger, hohe Konzentrationsanforderung, deutlich höhere Koordinationsanforderung in der Feinsteuerung der Finger.

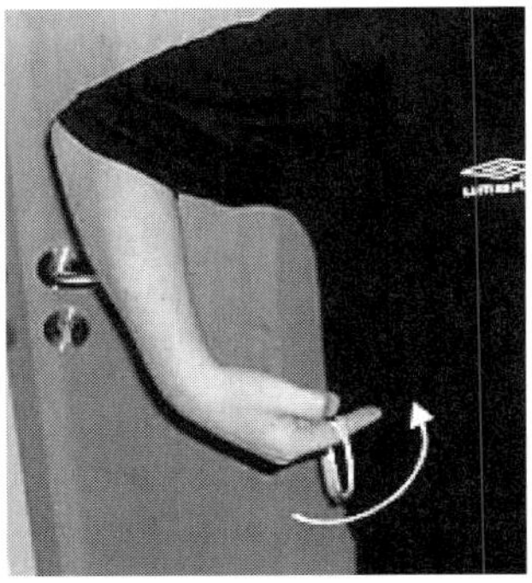

Abb. 1

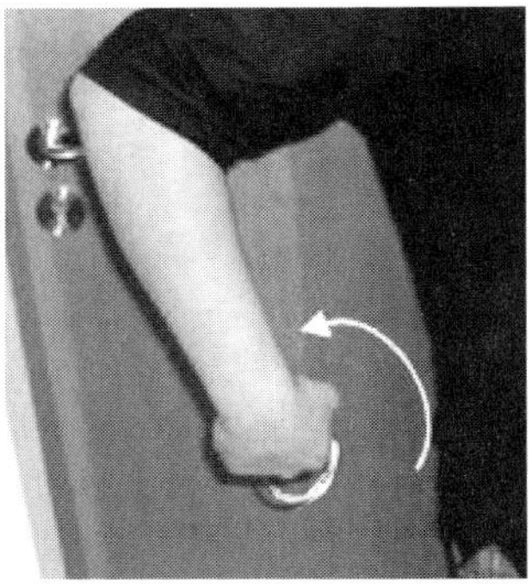

Abb. 2

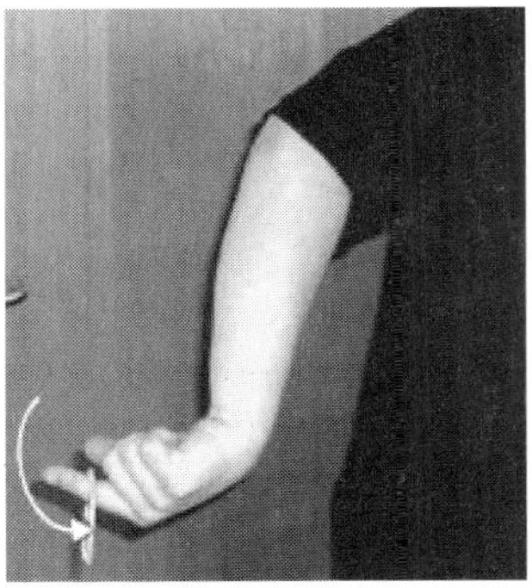

Abb. 3

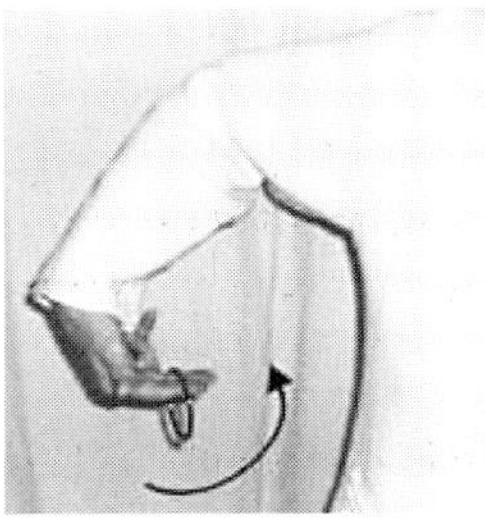

Abb. 4

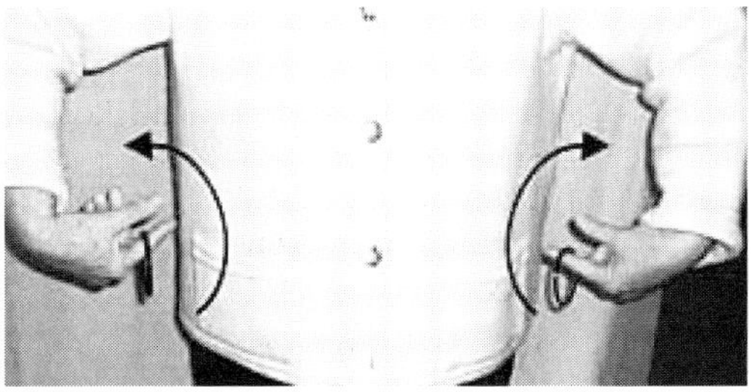

Abb. 5

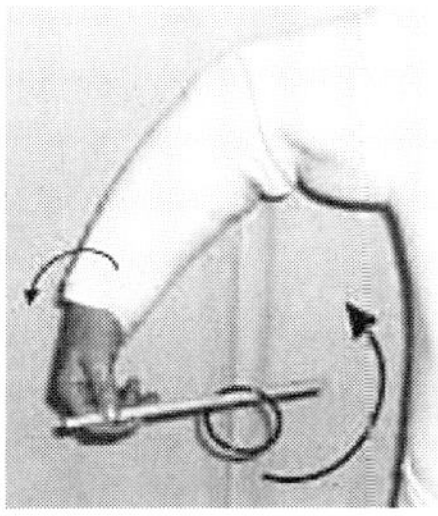

Abb. 6

Kapitel 11

Übungen mit dem Feinmotorikball

Material:
Feinmotorikball - Durchmesser ca. 40 mm, ersatzweise kann auch ein gleichgroßer Flummiball, Squashball oder ähnliche Bälle eingesetzt werden. Der Ball muss griffig sein.
Bezugsquelle: Kapitel 5.

Hinweis!

Bei Übungen mit dem Feinmotorikball passiert es häufiger, dass der Ball herunterfällt. Bei einer Gruppenarbeit oder feinmotorischen Übungen im Klassenverband sollte der/die Spielleiter/in ein hohes Maß an Bewegungen und Übungsfreude berücksichtigen (Suchen und Einfangen des kleinen Balles). Flummibälle eignen sich von daher nur bedingt für die Gruppenarbeit.

Am Tisch arbeiten!

Eine feste Sitzposition (vergl. „Kapitel 15.4") sollte vor dem Übungsbeginn gewählt werden. Kinder mit einer Muskelhypotonie* leisten in einer „haltlosen Sitzposition" am Tisch weniger.
Bei statischen Übungen sollten die Oberarme am Körper gehalten werden, um die Steuerungsprozesse der Hände besser zu bewältigen. Diese Form der Bewegungsisolierung hilft insbesondere Kindern mit einer diagnostizierten Unwillkürmotorik*.
(vergl. „Wenn das 'O' Ecken hat", Hauke Stehn, Kapitel 3.4)

Kapitel 11.1

Übungen auf dem Tisch

Übungen	Ziele / Teilziele
– Der Ball befindet sich vor uns auf dem Tisch. Wir legen die **Innenhand auf den Ball** (für Rechtshänder leicht zur rechten, für Linkshänder leicht zur linken Seite). Wir können den **Ball zwischen Hand und Tisch rollen lassen**.	Übungsvorbereitung, Einstimmung auf das Thema, Materialgewöhnung.
Wir erproben – einen **leichten Andruck.** – einen **starken Andruck** beim Rollen.	Kraftdosiertes, feinmotorisches Handeln, unterschiedlichen Druck spüren.
– Wir lassen den **Ball rollen** – nur **unter der Innenhand.** – nur an der **Außenkante der Hand.** – bis **zur Fingerspitze** jedes Fingers.	Teile der Hand kennenlernen.
– Der **Ball rollt** (Innenhand zeigt weiterhin in Richtung Tisch - Abb. 1) **vom Handgelenk bis zur** – **Fingerspitze des Daumens** und wieder zurück zum Handgelenk.	Koordinationsübungen, bei denen Druckempfinden und Auge-Handverbindung gefordert sind.
– **Fingerspitze des Zeigefingers** und wieder zurück zum Handgelenk.	Fingerbewegungen voneinander isolieren.

Übungen	**Ziele / Teilziele**
Alle Finger einer Hand einzeln ansprechen, dann **Handwechsel**. – Wir drehen die Hand um (die Handinnenfläche zeigt nach oben – Abb. 2). Die Außenhand berührt den Ball, jetzt rollen wir den Ball wie oben beschrieben.	Erhöhte Anforderung an die Statomotorik* der Unterarm-Fingermuskulatur.

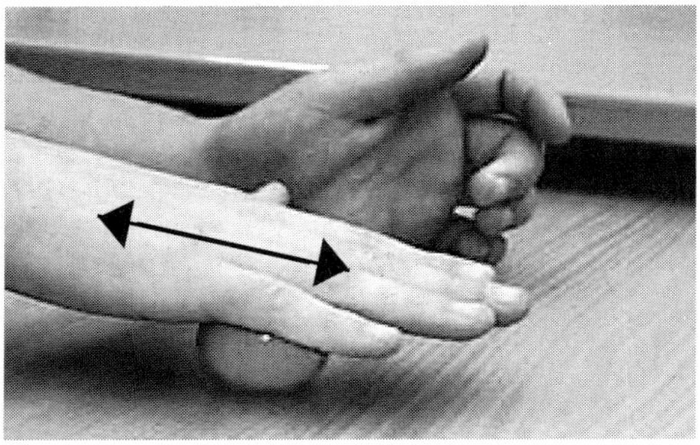

Abb. 1

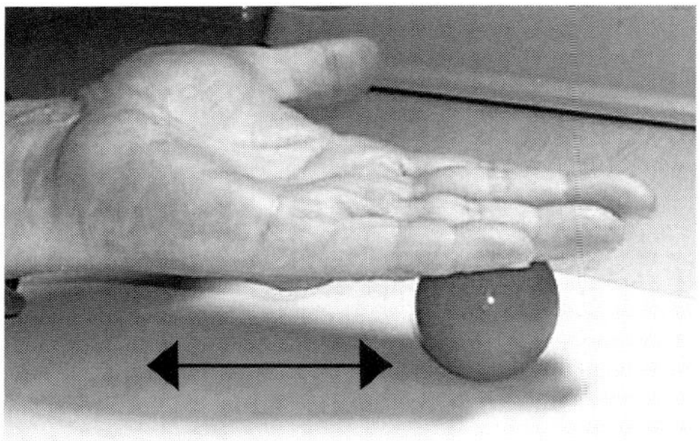

Abb.2

Übungen	**Ziele / Teilziele**
– Bei den folgenden Übungen werden **die Finger** – **weit gespreizt** oder – **geschlossen gehalten** (Finger sind gestreckt).	Arbeiten unter veränderten statomotorischen* Bedingungen der Finger-Handmotorik.
– Der **Ball rollt** zwischen dem **Handgelenk** und den **einzelnen Fingern,** bis zum Fingernagel und wieder zurück. – Der **Ball rollt** bei geschlossen gehaltenen Fingern **zwischen jeweils zwei Fingern** bis hin zum Fingernagel und wieder zurück, z. B. zwischen dem **Zeige- und Mittelfinger.**	Körperbegriff festigen, einzelne Teile der Hand benennen. Taktil-visuelle Übung in der Feinsteuerung, Fingerbewegungen untereinander und voneinander isolieren.
– Der **Ball liegt vor uns auf dem Tisch** (für Rechtshänder leicht zur rechten, für Linkshänder leicht zur linke Seite). Die **Hand bildet den Fingerschluss** und sollte möglichst waagerecht auf den Ball gelegt werden, so dass die Fingerspitzen den Ball berühren.	Erhöhte Anforderung an die Statomotorik* der Unterarm-Fingermuskulatur.
Mit einer **seitlichen Hin– und Herbewegung der Hand** rollt der Ball von Fingerspitze zu Fingerspitze (Abb. 3), Handwechsel oder – von Gelenk zu Gelenk zwischen Nagel- und Mittelgliedern – Handwechsel	Einzelne Handlungsfunktionen zielgenau steuern, Körperbegriff festigen: verschiedene Gelenke der Hand kennen lernen und im Handlungsrahmen taktil-visuell auf sich übertragen.

Übungen	Ziele / Teilziele
– Jetzt zeigt **die Hand** mit den **Fingerspitzen senkrecht zum Tisch.** Mit einer seitlichen Hin- und Herbewegung der Hand rollt der Ball von Fingerkuppe zu Fingerkuppe (Abb. 4).	Erhöhte Anforderung an die Feinsteuerung der Hand-Fingermotorik.

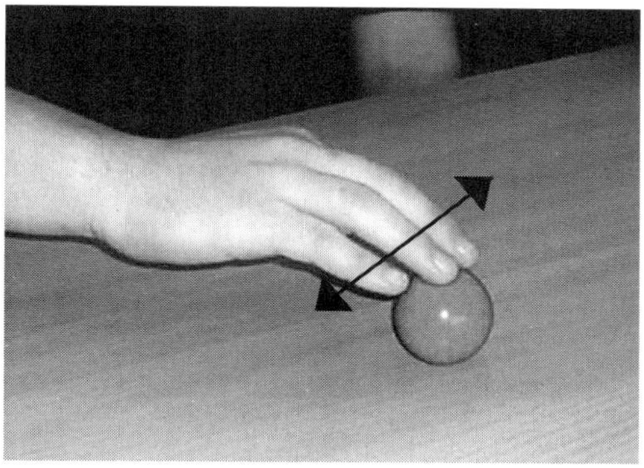

Abb. 3

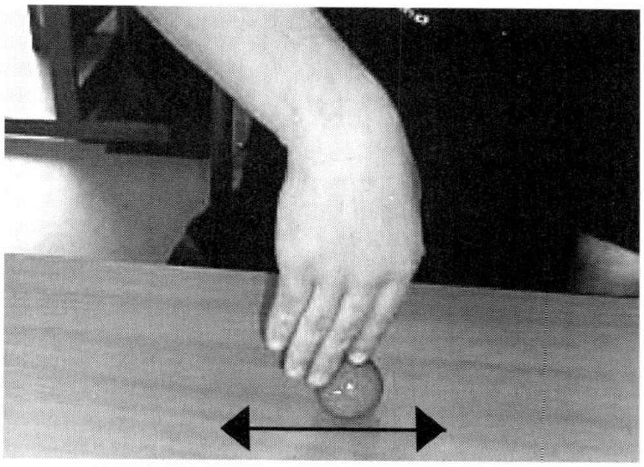

Abb. 4

Hinweis!
Bei den nächsten Übungen können wir die Ellenbogen auf dem Tisch abstützen
oder
die Oberarme dicht an den Oberkörper führen
oder
in der freien Bewegung vom Tisch abrücken

Übungen	Ziele / Teilziele
– Wir nehmen den **Ball zwischen beide Hände,** die **Finger** sind **gestreckt**. Wir entscheiden uns jetzt für eine Hand, die den Ball führt (Führungshand) und eine, die während der Übungszeit ruhig verweilt.	Übungsvorbereitung /Erklärung.
– Mit der **Führungshand rollen** wir den Ball **zu jedem Punkt der anderen Hand** (Abb. 5), (Handwechsel: Wechsel der Führungshand und Ruhehand)	Koordination beider Hände, kraftdosierte Übung, taktil-visuelle Forderung.
– Nun rollen wir den **Ball vom Startpunkt** (Handinnenfläche) bis **zur Zeigefingerspitze.** Sind wir oben angelangt, stellen wir die Hand und den Arm quer zur Ruhehand. **Es entsteht ein großes „T"** (Abb.6). – Wir rollen den Ball zurück zum Startpunkt, „T" auf den Mittelfinger. – alle Finger beteiligen, Handwechsel.	Koordination der Hände und Arme. Bewegungen kreuzen die Körpermitte. Visuomotorische Kontrollfunktion und visuelle Fixierungsanforderung.

Übungen | **Ziele / Teilziele**

Für die folgenden Spiele ist es günstig
die Finger weit zu spreizen.

Spiel!

– „Kennen wir die Finger mit Namen?“
Wir entscheiden uns wieder für eine Führungshand und der Ball rollt auf den Startpunkt (zwischen beide Hände in die Handinnenfläche).
Auf Zuruf eines Kindes oder des Spielleiters z. B. „Ringfinger“, rollt der Ball schnellstmöglich auf die Fingerspitze des genannten Fingers zum „T“, anschließend wieder zum Startpunkt.

Körperbegriff festigen,
Regelwerk beachten,
Wechsel zwischen statischer und dynamischer Bewegung der Feinmotorik.
Motivationsebene durch Spielgedanken schaffen.

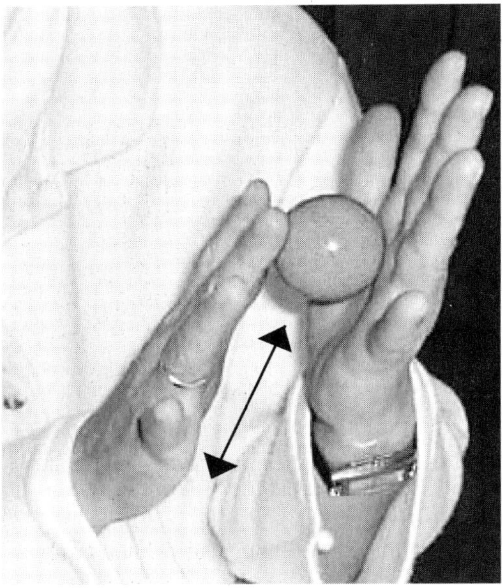

Abb. 5

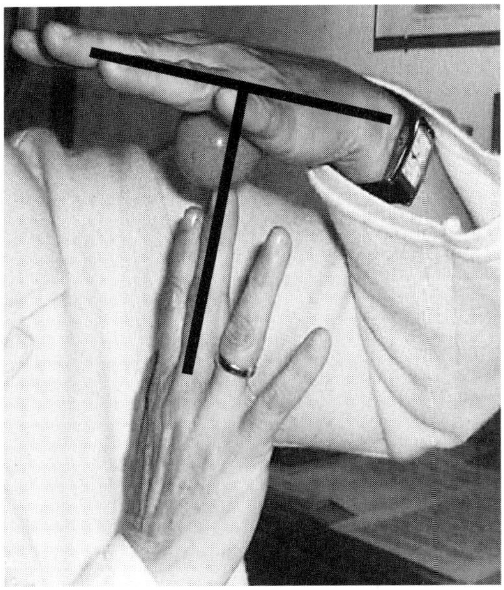

Abb. 6 ... es entsteht ein großes „T“

Übungen | **Ziele / Teilziele**

Reaktionsspiel!

– Wir verändern die Spielregel der letzten Übung. **Auf Zuruf** eines Kindes oder des Spielleiters **muss vor der Fingerbezeichnung zusätzlich „linke Hand“ oder „rechte Hand“ gerufen werden.** Der Ball rollt dann schnellstmöglich auf die Spitze des genannten Fingers zum „T“, anschließend wieder zum Startpunkt.

Körperbegriff* und Seitenbegriff (rechts/links) festigen und stabilisieren,
erhöhte Anforderung an die Reaktion und Bewegungsgeschwindigkeit eines feinmotorischen Bewegungsmusters.

Übungen	Ziele / Teilziele
Hand- und Fingermassage! – Wir legen die **rechte Hand flach auf den Tisch** und **rollen** den Ball mit der **linken Hand auf der Außenhand** ab (Abb. 7) – die linke Hand wird beim Rollen des Balles gestreckt gehalten oder	Muskuläre Entspannung der Hand- und Fingermuskulatur erfahren.
– die Finger der linken Hand rollen den Ball auf der rechten Hand (je Übung, Handwechsel). – (Jetzt nur mit gespreizten Fingern) Auf Zuruf des Spielleiters rollen wir den Ball vom Startpunkt, z. B. Mitte des Handrückens, zur Zeigefingerspitze und wieder zurück (alle Finger werden einmal vom Ball besucht, Handwechsel - Abb. 8). – Nun wird die passive Hand mit der Innenfläche nach oben gedreht.	Koordinationsanforderung an einzelne Finger der Aktivhand. Zusammenspiel der Finger.

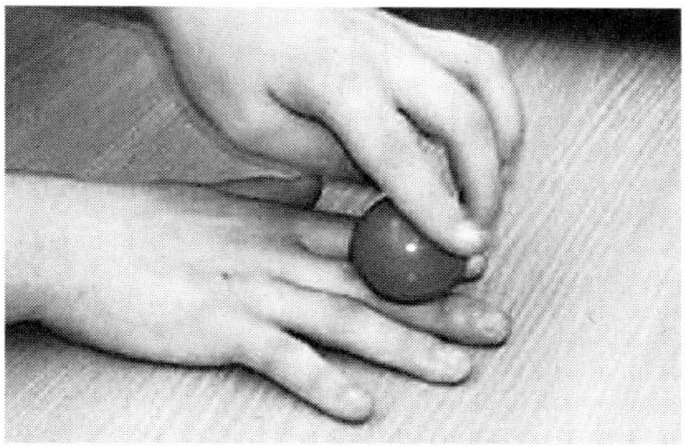

Abb. 7
Der Ball rollt über die Außenhand und Finger (Finger sind geschlossen oder leicht geöffnet).

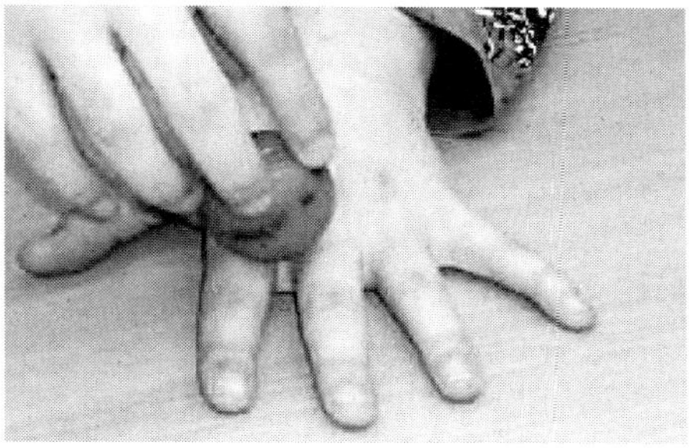

Abb. 8
Der Ball besucht jeden Finger bis hin zum Fingernagel (Finger sind weit gespreizt).

– Der Ball befindet sich auf dem Tisch. Wir legen die **Innenhand auf den Ball** (für Rechtshänder leicht zur rechten, für Linkshänder leicht zur linken Seite). Wir lassen **den Ball zwischen Hand und Tisch rollen,** um die **Hand- und Fingermuskeln** zu **massieren. Wir legen die Hände** zwecks Druckerhöhung **übereinander** (Abb. 9). Wir erproben – einen leichten Andruck – einen starken Andruck beim Rollen.	Deutliche Massagewirkung erfahren. Angenehme entspannende Wirkung auf die Hand-Fingermuskulatur. Erprobung der entspannenden Wirkung durch unterschiedlichen Andruck des Balles.

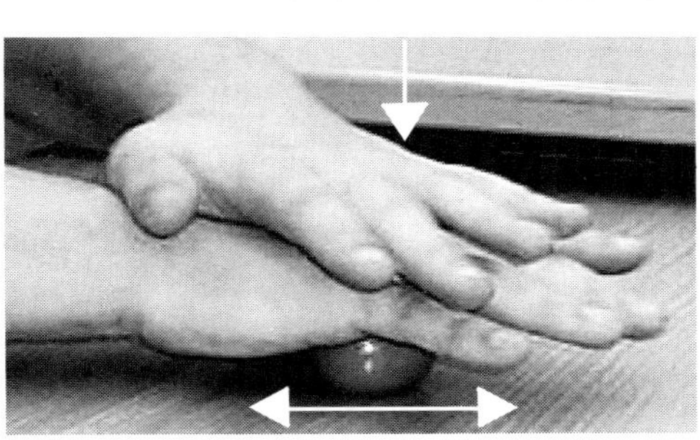

Abb. 9

Kapitel 11.2

Bällchen drehen und rollen

Hinweis!
Bei den nächsten Übungen können wir die Ellenbogen auf dem Tisch abstützen
oder
die Oberarme dicht an den Oberkörper führen
oder
in der freien Bewegung vom Tisch abrücken.

Übungen	Ziele / Teilziele
– Wir **halten beide Hände gestreckt übereinander**, beide **Handinnenflächen** zeigen **nach unten**, die **Fingerspitzen** zeigen **nach innen**. Zwischen den Händen befindet sich ein kleiner Ball (siehe Abb.1). Durch das vorsichtige Drehen der Hände umeinander (ähnlich dem Däumchendrehen) rollt der Ball um die – Innen- und Außenhandflächen – gestreckten Finger.	Einstimmung auf die Übung. Körperteilbezeichnung festigen. Übung, die die Körpermitte kreuzt. Hände aufeinander kraftdosiert abgestimmen.
– Wir legen **den Ball zwischen** die **nach innen zeigenden gestreckten Zeigefinger.** Beide Zeigefinger drehen umeinander ohne den Ball zu verlieren.	Fingerbewegungen isolieren. Visuomotorische* Aufmerksamkeitserhöhung.
Erprobe die Übung – wenn die weiteren zur Faust geschlossen sind. – wenn alle anderen Finger gestreckt abgespreizt werden. – Übungsdurchführung wie oben nur mit den – Mittelfingern (siehe Abb. 2.) – Ringfingern – kleinen Fingern – Daumen	Unterschiedliche Anforderung der beteiligten Muskelgruppen (Schulter-Nackenmuskulatur). Verschiedene statische Übungen der einzelnen Finger.
– Zeige- und Mittelfinger (siehe Abb. 3) – Mittel- und Ringfinger – Ring- und kleiner Finger (sehr schwierig!)	Mehrfingerfunktionen stabilisieren und kräftigen.

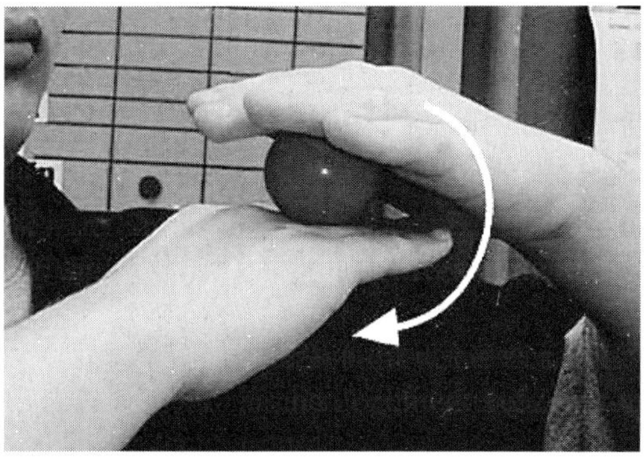

Abb. 1
Die Fingerspitzen zeigen nach innen

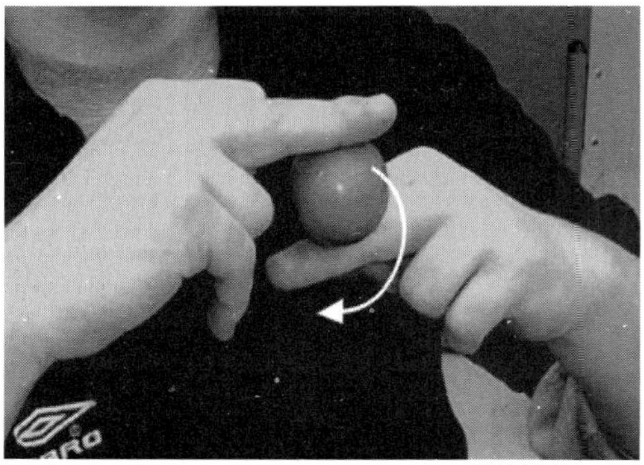

Abb. 2
Die Mittelfinger drehen um den Ball

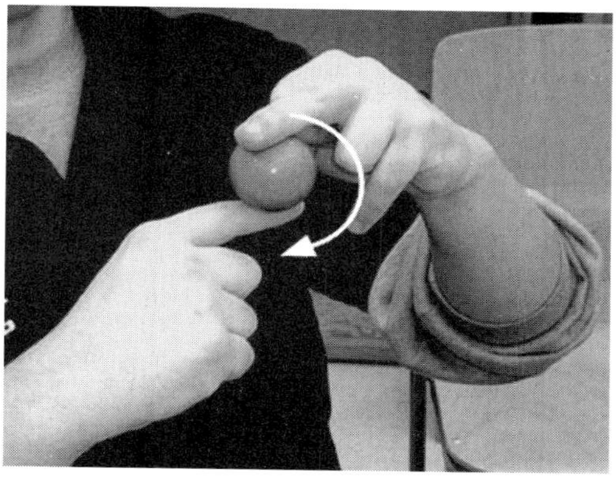

Abb. 3

Der re. Zeigefinger und der li. Mittelfinger drehen um den Ball.

Übungen	**Ziele / Teilziele**
– Der kleine Ball liegt auf der gestreckten Innenhand, die Finger sind geschlossen. Der Ball soll durch leichte Bewegungen auf der Handinnenfläche bis zu den Fingern hin- und herrollen (siehe Abb. 4).	Übungsvorbereitung, Einstimmung.
Erprobe die Übung – durch das Auf- und Abkippen des Handgelenks – (bei festem Handgelenk) durch die Auf- und Abwärtsbewegung des Unterarms – mit abgestütztem Ellenbogen auf dem Tisch – mit abgestütztem Ellenbogen am Oberkörper – frei – mit der anderen Hand.	Statisches und dynamisches Zusammenwirken verschiedener Muskelgruppen der Hand-, Finger- und Unterarmmuskulatur. Hohe Anforderung an die dynamische Kraftdosierung und Visuomotorik*.

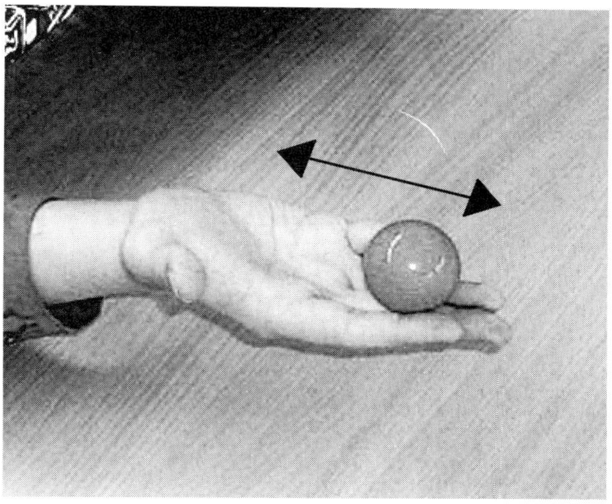

Abb. 4

Der Ball rollt auf der Handinnenfläche bis hin zu den Fingerspitzen

Kapitel 11.3

Greifübungen

Übungen	Ziele / Teilziele
Ball greifen	Greifmuster festigen:
– Wir nehmen den Ball mit **Daumen und Zeigefinger** der **rechten Hand** und übergeben ihn an **Daumen und Zeigefinger der linken Hand** (mehrfach hin- und hergeben).	Zangen*-, Pinzetten*- und Mehrfingergriff Fingerbewegungen einer Hand isolieren, beidhändiges arbeiten.
– Daumen und Mittelfinger der **rechten Hand übergeben** an **Daumen und Mittelfinger der linken Hand** (mehrfach hin- und herreichen - Abb. 1).	Bewegungen kreuzen die Körpermittellinie, visuomotorische* Anforderung und Konzentrationsübung,
– Wie oben, mit den verbleibenden Fingern wechseln nach vorheriger Ansage des Spielleiters zu den vorher benannten Fingern.	Bewegungsprozess automatisieren.

Hinweis!
Die Bewegungsfolge des Greifens können wir durch eine musikalische Begleitung rhythmisch unterstützen. Setzen Sie einfach und ruhig gehaltene Rhythmen ein (z.B. Kinderlieder) die Musiktitel 9./10. „Fingerbewegungen nach Musik"- Hauke Stehn, eignen sich ebenfalls.

Übungen	Ziele / Teilziele
– Wie oben nur führen wir diese jetzt mit zwei **benachbarten** Fingern durch, z. B. (Abb. 2) **Daumen, Zeige- und Mittelfinger - rechts** übergeben den Ball an **Daumen, Zeige- und Mittelfinger - links** nach mehrfachem Wechsel erfolgt die Übergabe an **Daumen, Mittel- und Ringfinger** nach mehrfachem Wechsel erfolgt die Übergabe an **Daumen, Ring und kleinen Finger.**	Mehrere Finger koordiniert einsetzen, Körperbegriff (Finger) festigen, erhöhte Anforderung an die Koordinationsleistung beider Hände.
– Wir führen die Greifübung jetzt mit zwei **nicht benachbarten** Fingern durch, z. B. (Abb. 3) **Daumen, Zeige- und Ringfinger** - rechts übergeben den Ball an **Daumen, Zeige- und Ringfinger - links** nach mehrfachem Wechsel erfolgt die Übergabe an **Daumen, Mittel- und kleinen Finger** oder **Daumen, Mittel- und kleinen Finger usw.**	Weitere und höhere Koordinationsanforderung an beide Hände, deutlich erhöhte Anforderung an Konzentration und Auge-Folgebewegung*.

Übungen	Ziele / Teilziele
– Es entstehen nun verschiedene Aufgaben auf Zuruf des Spielleiters oder eines Kindes, z. B.: Spielleiter: „Greife den Ball mit **Daumen und Zeigefinger der rechten Hand.**“ Kind (A): „Greife den Ball mit dem **Daumen, Ring- und kleinen Finger der linken Hand**.“ Kind (B): „Greife den Ball mit **Daumen, Zeige- und Mittelfinger der rechten Hand.**“	Greifmuster festigen: Zangen*-, Pinzetten*- und Mehrfingergriff Reaktionsübung, Festigen des Körperbegriffs*, Körperteilbezeichnung der Hände und Finger, automatisierte Bewegungsformen festigen.
Ball greifen und drehen	
– Wir nehmen den Ball zwischen **Daumen und Zeigefinger der re. Hand**. Wir drehen den Ball zwischen beiden Fingern (Drehrichtung: vom Körper weg – Abb. 4). Übernahme! – Mit **Daumen und Zeigefinger der linken Hand** greifen wir den Ball und drehen ihn in dieselbe Richtung weiter. Übernahme! – Mit **Daumen und Zeigefinger der rechten Hand** greifen und weiterdrehen, jetzt wieder links usw.	Diadochokinetische*, automatisierte Bewegungsprozesse mit erhöhter Anforderung an Konzentration und visuomotorische* Koordination.
– Wie vorher nur – mit Daumen und Mittelfinger – mit Daumen und Ringfinger – mit Daumen und kleinem Finger. – mit der **Drehrichtung zum Körper hin.** – mit **abgestütztem Ellenbogen auf dem Tisch** – mit **abgestütztem Ellenbogen am Oberkörper** – **frei** – greifen und drehen mit **zwei benachbarten** Fingern – greifen und drehen mit **zwei nicht benachbarten** Fingern.	Veränderte muskuläre Anforderung eines automatisierten Bewegungsprozesses unter ebenfalls veränderter Muskelspannung in der Schulter-Nackenmuskulatur.

Die Übungen können, nachdem das Greifen und Drehen mit zwei Fingern beherrscht wird, in eine Bewegungsgeschichte eingekleidet werden (z. B. die Fahrradgeschichte, Kapitel 10.1 oder wir erfinden eine neue Geschichte.
Beispiel „Zirkus“.
(vorher legen wir fest, welche Tiere in unserem Zirkus auftreten)
Rechter und linker Zeigefinger sind
zwei Kletterziegen
rechter und linker Mittelfinger sind
zwei Elefanten
rechter und linker Ringfinger sind
zwei Enten
rechter und linker kleine Finger sind
zwei kleine Hunde.

Die Daumen übernehmen die Rolle des Zirkusdirektors oder Dompteurs.
Der Ball wird zu einer Riesenkugel, auf der die Tiere balancieren.
(weiter mit Kapitel 11.4 Zirkustiere üben Balancieren auf einer Riesenkugel, Bewegungsgeschichte mit einem Feinmotorikball)

Übungen mit unterschiedlichen Greifmöglichkeiten

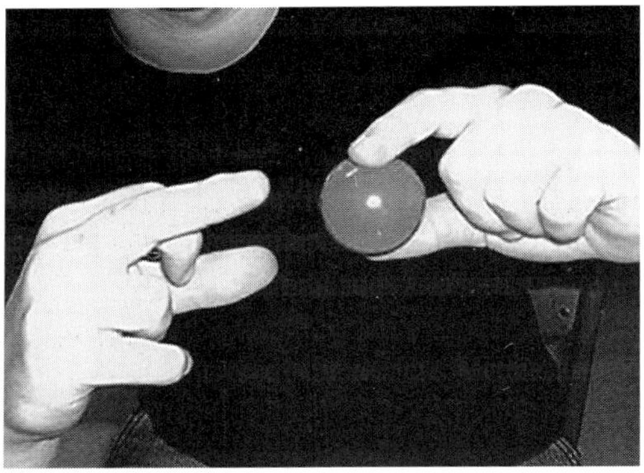

Abb. 1
Greifen rechts mit Daumen und Mittelfinger
Greifen links mit Daumen und Zeigefinger

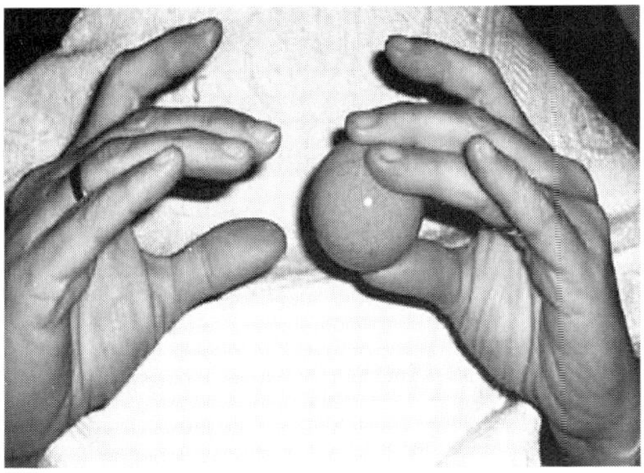

Abb. 2
Greifen mit drei Fingern, Daumen und je zwei benachbarte Finger

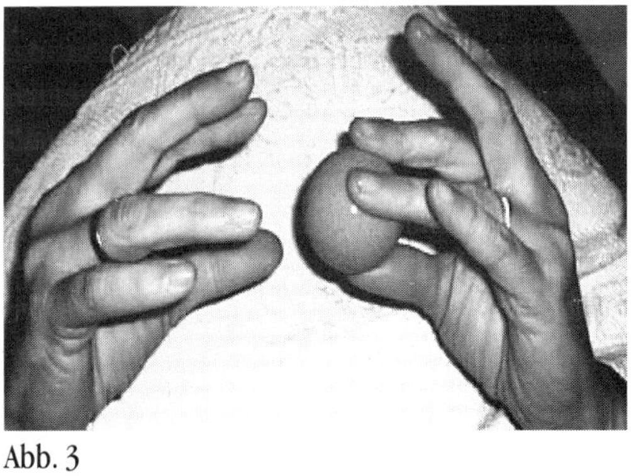

Abb. 3
Greifen mit drei Fingern, Daumen und je zwei nicht benachbarte Finger

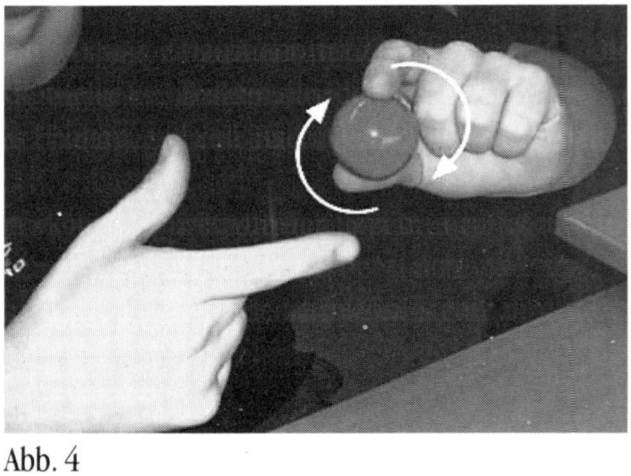

Abb. 4
Ball greifen und drehen

Kapitel 11.4

Zirkustiere üben Balancieren auf einer Riesenkugel

Bewegungsgeschichte mit einem Feinmotorikball

Hier wird die Geschichte erzählt!	Hier werden die Fingerbewegungen beschrieben!
Die Tiere proben heute für eine Vorführung im Zirkus. Die Herren **Daumen** verbeugen sich vor den Tieren.	Hand zur Faust, Daumen wackeln hin und her.
Die Tiere sind aufgeregt und freuen sich. Einige Tiere laufen ganz unruhig durch die Manage.	Alle Finger bewegen sich, Gehbewegungen der Finger auf dem Tisch (Abb. 1).
Die Daumen heben gemeinsam die große Riesenkugel.	Der Ball liegt auf dem Tisch und wird von beiden Daumen gehoben. (Abb. 2).
Sie sagen: „Auf dieser Riesenkugel sollt ihr heute balancieren ohne herunter zu fallen. Wir sind eure Helfer bei der Übung."	Beim Erzählen bewegen die Daumen den Ball ein wenig.
Die Kletterziegen (Zeigefinger) sollen die ersten sein. Ein Dompteur (Daumen) und eine Kletterziege steigen auf den Ball und gehen vorsichtig auf ihm entlang. Sie gehen vorwärts und rückwärts, mal seitwärts und wieder zurück. „Gut gemacht Kletterziege, jetzt ist die andere Kletterziege an der Reihe."	Greifen mit Daumen und Zeigefinger, Drehen des Balles, alle Drehrichtungen erproben,Absetzen des Balles auf den Tisch und Wechsel (Übung mit der anderen Hand).
Kann die andere Kletterziege dieses Kunststückchen genauso gut?	Mit der subdominanten Hand* gelingt die Übung nicht so gut. Vielleicht sollte der Ellenbogen auf den Tisch gesetzt oder am Körper abgestützt werden.
Nun erproben beide Ziegen mit den **Dompteuren** (Daumen und Zeigefinger) das Kunststückchen. Und wie wir sehen, alle vier Beteiligten können auf der Riesenkugel balancieren. Die Bergziegen haben kein Problem mit dem Kunststückchen. Aber was ist denn mit den Elefanten? Die (Mittelfinger) trampeln schon ganz unruhig hin und her. „Seid ihr bereit?", fragt der Dompteur die Elefanten.	Daumen und Zeigefinger rollen den Ball in alle Richtungen. Die Finger legen den Ball auf den Tisch. Mittelfinger tippen unruhig und im Wechsel auf den Tisch. Daumen bewegen sich beim Sprechen.

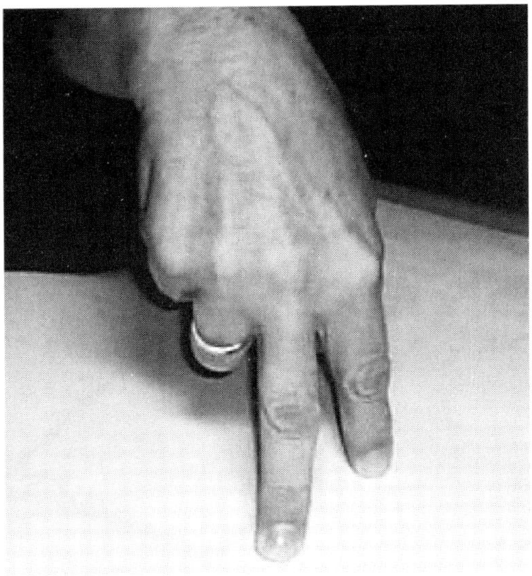

Abb. 1
Die Finger „gehen“ auf dem Tisch.

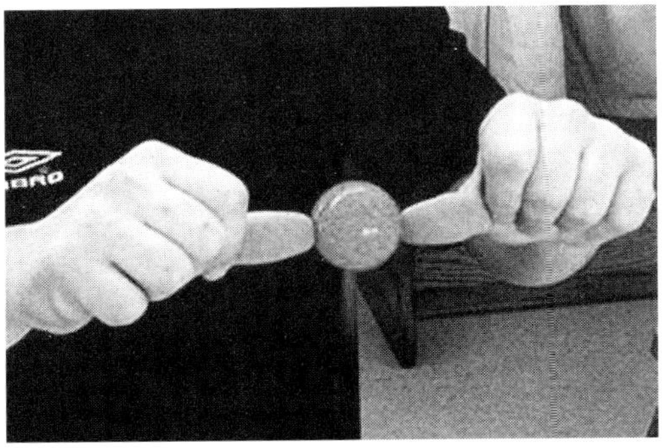

Abb. 2
Die Daumen heben die „Riesenkugel“.

Hier wird die Geschichte erzählt!

„Wir sind bereit“, trompeten freudestrahlend die beiden Elefanten. Erst besteigt **ein Elefant (Mittelfinger)** vorsichtig zusammen mit dem Dompteur (Daumen) die Riesenkugel. Beide balancieren auf der Kugel, genau wie die Ziegen, erst einmal vor und zurück, dann auch in die anderen Richtungen.
Jetzt steigen beide wieder ab und der andere Elefant ist an der Reihe. Der Dompteur und der Elefant geben ihr Bestes und nach einer Weile steigen sie ab, um zusammen mit dem zweiten Elefanten und Dompteur zu viert auf die Riesenkugel zu steigen.
Nach einigen Übungen steigen alle frohgelaunt von der Riesenkugel ab, um den **Enten (Ringfingern)** die Kugel zum Üben zu überlassen. Die Enten schwimmen lieber im Wasser, aber für eine Zirkusvorführung zu üben ist etwas Besonderes. Mit ihren Watschelfüßen müssen sie besonders vorsichtig balancieren. Der Dompteur passt auf, dass nichts passiert.
Jetzt ist die zweite Ente an der Reihe und endlich üben beide Enten zusammen mit ihrem Dompteur.
Dann sind da noch die **wieselflinken Hunde (kleine Finger)** für die Zirkusprobe an der Reihe.
Kläffend und unruhig hin- und herlaufend können sie es kaum erwarten.

Hier werden die Finger bewegungen beschrieben!

greifen und drehen des Balles mit der re. oder li. Hand. Alle Bewegungsrichtungen langsam durchführen, Spielleiter verdeutlicht die Vor- und Rückwärts- aber auch die Seitwärtsbewegungen, nach dem Absteigen vom Ball die Hand ausschütteln.

Die Bewegungen mit den Ringfingern ist ungewohnt und anstrengender, eventuell zeitlich eingrenzen.

Handwechsel
Der Ball wird auf den Tisch gelegt, die kleinen Finger tippen mit kurzen schnellen, laufenden Bewegungen auf den Tisch.

Hier wird die Geschichte erzählt!	**Hier werden die Fingerbewegungen beschrieben!**
Der erste Hund und der dazugehörige Dompteur steigen auf die Kugel und balancieren so gut sie können. Immer noch einmal proben sie, damit sie bei einer späteren Vorführung besonders sicher sind. Jetzt steigt der andere Hund mit seinem Dompteur auf die Kugel und sie vollbringen ähnliche Kunststückchen wie die Vorgänger.	Kleiner Finger und Daumen drehen den Ball in alle Richtungen. Die Bewegung kann früh in den Krampf gehen, deshalb kurze Bewegungszeit und anschließende Auflockerung der Muskulatur.
Zu guter Letzt zeigen beide Hunde gemeinsam mit ihren Helfern, was sie auf der Riesenkugel leisten können. Wahrlich eine Meisterleistung! Alle Tiere sind zufrieden mit ihren Kunststückchen, klatschen vor Freude und freuen sich auf ihren baldigen Auftritt im Zirkus.	Geschichte ausklingen lassen, Hand- und Fingermuskulatur entspannen.

Kapitel 11.5

Unsere Finger klatschen

Übungen	**Ziele / Teilziele**
– Wir nehmen den Feinmotorikball zwischen beide Innenhandflächen, die Fingerspitzen zeigen nach oben, die Finger sind geschlossen oder weit gespreizt, – alle Finger klatschen gleichzeitig, dabei berühren sich jeweils die gleichnamigen Finger der li. und re. Hand. – nur die Zeigefinger klatschen (die anderen Finger bleiben weiterhin gespreizt).	Übungsvorbereitung, automatisierter, rhythmischer Bewegungsablauf, statisch-dynamische Bewegungsfolge der Unterarm-Fingermotorik.

Hinweis!

Während des Fingerklatschens können die nicht beteiligten Finger abgespreizt, frei oder gegeneinander gestützt gehalten werden.

Die Bewegungsfolge des Klatschens können wir durch **eine rhythmisch-musikalische Begleitung** unterstützen.

Setzen Sie einfach und ruhig gehaltene Rhythmen ein (z. B. Kinderlieder).

Die Musiktitel 8, „Das Fingerklatschlied“, auf der Musik CD „Fingerbewegungen nach Musik-Hauke Stehn“ ist auf die Übungen abgestimmt (Titel 9/10, eignen sich ebenfalls).

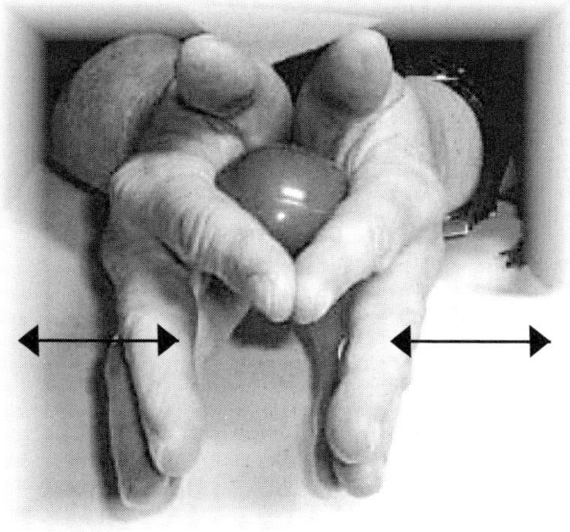

Ball zwischen den Handflächen, Finger sind geschlossen, Zeigefinger klatschen

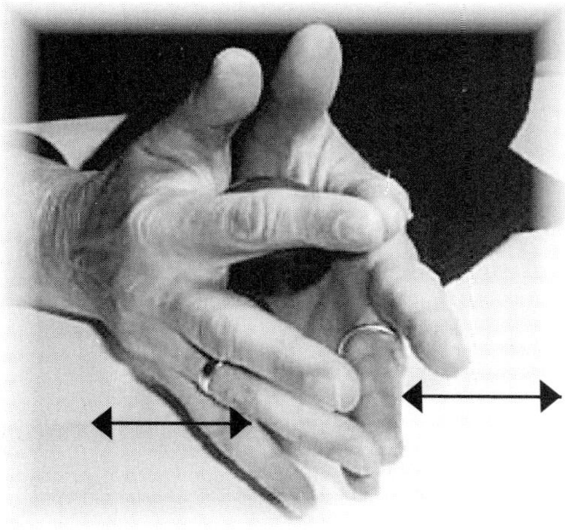

Zeige- und Mittelfingerklatschen

Übungen | **Ziele / Teilziele**

– wie oben, nur klatschen mit
  – Mittelfingern
  – Ringfingern
  – kleinen Fingern.

Hohe Anforderung an die Haltemotorik der Unterarmmuskulatur.

Durch eine **leichte Handdrehung** können auch ungleiche Fingerpaare miteinander klatschen, z. B.:

– re. Zeigefinger mit li. Mittelfinger
– re. Mittelfinger mit li. Zeigefinger
– re. kleiner Finger mit li. Ringfinger usw.

– Auf Zuruf des Spielleiters klatschen miteinander:
  – **gleichnamige Finger** (re./li. Hand)
  – **nichtgleichnamige Finger** (re./li. Hand).

– **Benachbarte Finger** klatschen:
  – Daumen und Zeigefinger
  – Zeige- und Mittelfinger
  – Mittel- und Ringfinger
  – Ringfinger und kleiner Finger oder
  Es klatschen **zwei nicht benachbarte Finger**:
  – Daumen und Mittelfinger
  – Zeige- und Mittelfinger
  – Mittel- und kleiner Finger
  – Zeige- und kleiner Finger
  – Ringfinger und Daumen
– Es klatschen drei Finger (benachbarte und nicht benachbarte Finger).

Drehbewegung so zuordnen, dass sich die entsprechenden Finger begegnen, reagieren auf rechts und links. Hohe Anforderung an Konzentration und Augenmotorik.Reagieren auf den genannten Fingerbegriff, Finger miteinander und isoliert bewegen. Die Körpermitte kreuzen, Muskelfunktionen der Hand-, Finger- und Unterarmmotorik kräftigen. Statische und dynamische Bewegungsprozesse der Fingermuskulatur isoliert bewegen.

Hier klatschen drei Finger zur Musik (Daumen, Zeige- und kleiner Finger).

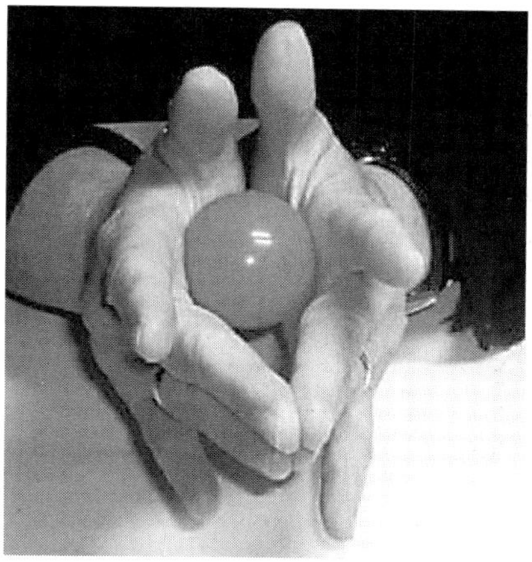

Mittel- und Ringfinger bleiben beim Klatschen im Fingerverbund.

Hinweis!
Bei den Übungen können wir die Ellenbogen auf dem Tisch abstützen
oder
die Oberarme dicht an den Oberkörper führen
oder
in der freien Bewegung vom Tisch etwas abrücken.

Kapitel 11.6

Ballzauber (schwierig)

Übungen	**Ziele / Teilziele**
Der Ball wird mit **Daumen** und **Zeigefinger** genommen. – Der **Daumen** rollt den Ball weit über die **Fingerkuppe des Zeigefingers** in Richtung Mittelfinger. Der Mittelfinger übernimmt den Ball, der Daumen verlässt den Ball.	Hohe Anforderung an die Fingergeschicklichkeit, die Koordination der Finger.
– Der **Zeigefinger** rollt den Ball über die Fingerkuppe des Mittelfingers so weit es geht in Richtung Ringfinger.	Hohe Muskelanspannung in der Unterarm-, Finger- und Handmotorik.
– Der **Ringfinger** übernimmt den Ball, der Mittelfinger rollt den Ball über die Fingerkuppe des Ringfingers in Richtung kleiner Finger.	Statische, dynamische, feinmotorische Übung.
– Der **kleine Finger** übernimmt den Ball, Ringfinger und kleiner Finger halten den Ball. Rücktour: – Der **kleine Finger** rollt den Ball wieder zurück über die Fingerkuppe **des Ringfingers** in **Richtung Mittelfinger**. – Der **Mittelfinger** nimmt den Ball an usw. bis sich der Ball wieder zwischen Daumen und Zeigefinger befindet. Versuch! Handwechsel. Mit viel Geduld und Übung wirkt diese Fingergeschicklichkeitsübung wie ein Zaubertrick.	

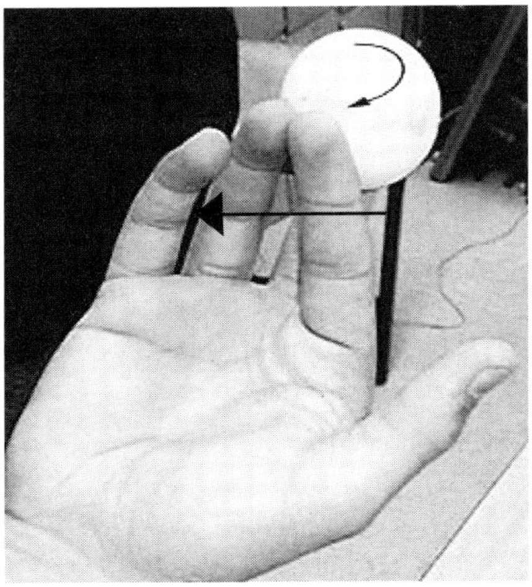

Der Zeigefinger rollt den Ball über die Fingerkuppe des Mittelfingers (Pfeilrichtung). Der Ringfinger kommt dem Zeigefinger entgegen und nimmt den Ball an. Der Zeigefinger löst sich. Nun rollt der Mittelfinger den Ball über die Fingerkuppe des Ringsfingers usw. und wieder zurück.

Kapitel 11.7

Ball tragen

Auf unterschiedlichste Weise können wir den Feinmotorikball tragen.
Die ersten Übungen erproben wir
- im Sitzen
- im Stehen, wenn der Raum dies zulässt,
- beim Gehen oder sogar
- beim Krabbeln und Klettern.

Übungen	Ziele / Teilziele
– Wir legen den Ball in die Innenhand und umschließen ihn mit den Fingern (Fausthaltung). Wir können die Hand drehen, ohne dass uns der Ball aus der Hand fällt... oder (Abb. 1).	Übungserprobung, Einstimmung. Greifen in der Fausthaltung.
Nach dem Prinzip „Ursache und Wirkung", führen wir diese Übung so durch, dass wir die Hand öffnen, wenn die Handinnenfläche nach oben zeigt (Ball bleibt in der Hand).	Umgang mit der Schwerkraft, statomotorische* Übung.
Aber auch die Hand öffnen, wenn die Handinnenfläche nach unten zeigt (Ball fällt aus der Hand), Handwechsel (oder je Hand einen Ball).	Bewegungen räumlich anordnen.
– Wir legen den Ball auf die gestreckten Finger, gespreizt (Abb. 2) oder geschlossen (Handinnenfläche zeigt nach oben). Wir heben und senken den Arm und beobachten dabei den Ball. Er soll sich möglichst nicht bewegen.	Durch die Hand-Finger-Streckung wird eine hohe Muskelspannung in der Unterarmmotorik (Stifthaltemotorik) aufgebaut.

Übungen	Ziele / Teilziele
– Wie oben, aber wir drehen die Hand und legen den Ball auf die gestreckten Finger (Handinnenfläche zeigt nach unten – Abb. 3).	Drehbewegungen sind diadochokinetische* Bewegungen und begünstigen die Rotation in runden Buchstabenformen.
– Jetzt führen wir den Arm mit dem auf den Fingern liegenden Ball zum Kopf oder zur Schulter, Knie, Bauch usw. Wir versuchen Körperteile auf der anderen Körperseite mit dem Ball zu besuchen.	Statische Übung in der Unterarm-Fingermotorik. Überkreuzbewegung aktiviert beide Gehirnhälften, Körperteilbezeichnung.
– **Wir klemmen den Ball zwischen Daumen und Zeigefinger** (Abb. 4), die Innenhand zeigt dabei – nach oben oder – nach unten. Wir können jetzt **die Hand drehen, wenden** sogar **leicht schütteln** und der Ball bleibt trotzdem zwischen den Fingern...,aber nicht, wenn wir den Ball auf Daumen und Zeigefinger legen (Abb. 5).	Veränderte Muskeltonusregulierung und Anspannung, grob- und feinmotorische Bewegungsprozesse miteinander verbinden.
– Wir **klemmen den Ball** jetzt **zwischen** den – Zeige- und Mittelfinger – Mittel- und Ringfinger – Ring- und kleinen Finger.	Jetzt werden verstärkt gezielt Muskelgruppen der Hand- und Unterarme beansprucht und gekräftigt.

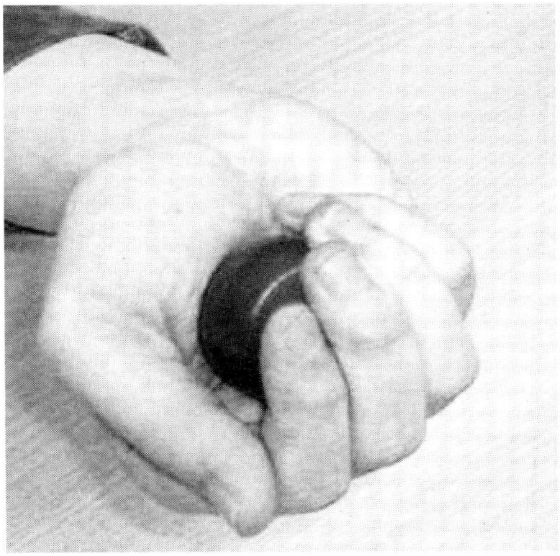

Abb. 1
Den Ball tragen mit der geschlossenen Hand. Jetzt können wir die Hand drehen, schütteln usw. und der Ball fällt nicht hinunter.

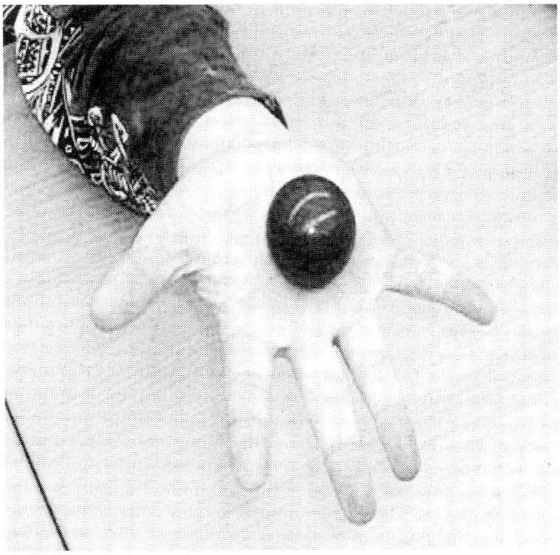

Abb. 2
Der Ball liegt auf der Handinnenfläche. Wir müssen uns vorsichtig bewegen, sonst fällt der Ball von der Hand.

Abb. 3

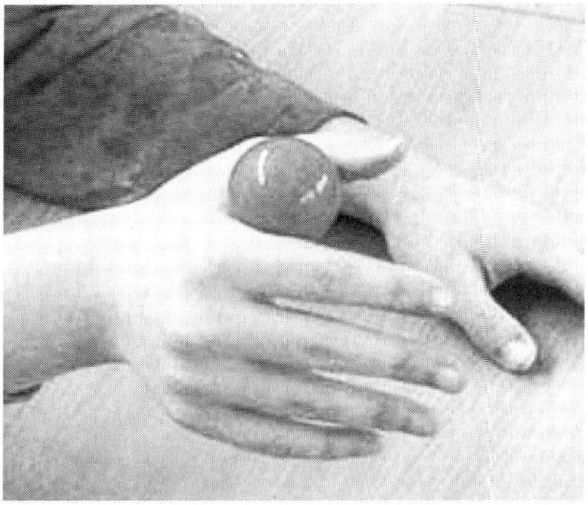

Abb. 4

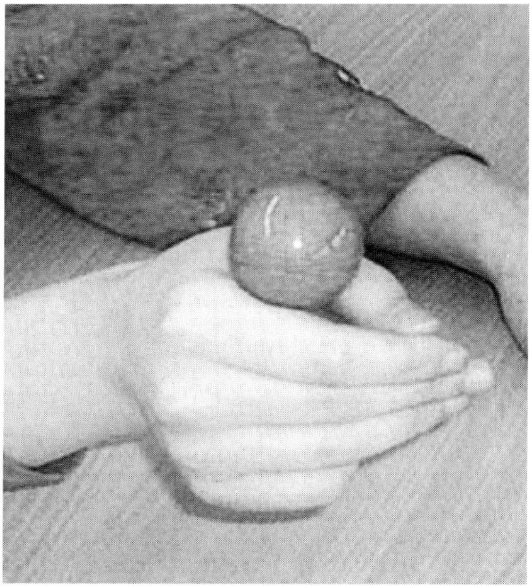

Abb. 5

Übungen	**Ziele / Teilziele**
1. Wir erproben die unterschiedlichsten Formen des Balltransports – im Sitzen – im Stehen – beim Gehen – beim Krabbeln.	Grob- und feinmotorische Bewegungen miteinander verbinden, Konzentration auf die feinmotorische Bewegungsaufgabe.

Kapitel 11.8
Den Ball werfen

Wurfübungen mit dem kleinen Feinmotorikball sind ungleich schwerer als Übungen mit dem Sandsäckchen (Kapitel 12).

Die Ziel- und Steuerungskontrolle gelingt mit dem Sandsäckchen deutlich besser als mit dem Ball. Das Sandsäckchen bleibt schließlich genau an der Stelle liegen, wo es gelandet ist. Der Ball lässt sich nicht nur schlechter greifen, sondern entfernt sich unmittelbar vom Landeplatz.

Die visuomotorischen* Anforderungen sind im Umgang mit dem Ball deutlich höher als die mit dem Sandsäckchen.
Sie sollten deshalb **die Wurfübungen mit dem Sandsäckchen denen mit dem Ball vorziehen.**

Wir können fast alle unter dem Thema „Werfen mit dem Sandsäcken" aufgeführten Übungen auch mit dem kleinen Ball durchführen.

Kapitel 11.9
Ball rollen

Hinweis!
Das Rollen eines Balles ist methodisch die sportmotorische Vorform des Werfens. Das Rollen geschieht in der Regel langsamer als das Werfen und ist für Kinder mit visuomotorischen* Schwierigkeiten (Augen-Folgeproblemen) besser zu bewältigen als das Werfen.
Die folgenden Übungen führen wir am Tisch oder auf dem Fußboden durch.

Übungen	Ziele / Teilziele
– Wir rollen den Ball auf dem Tisch/Boden hin und herrollen (Aufgabenlösung freistellen). – Ball zwischen gestreckten Händen hin und her rollen (Abb. 1). – Wir stellen ein Tor zwischen unsere Hände (z. B. aus zwei Sandsäckchen) und rollen den Ball durch das Tor hin und her (Abb. 2).	Erprobung der Übung, kreatives Handeln, kraftdosiertes Rollen des Balles, zielorientiertes Handeln, Anforderung an die Visuomotorik*, statomotorische* Anforderung an die Hand- und Unterarmmotorik.

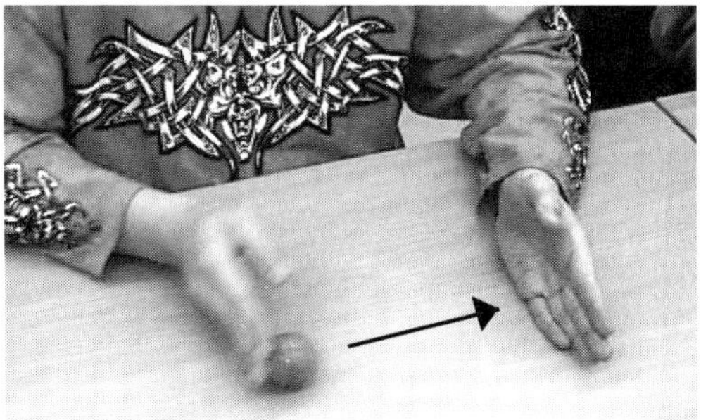
Abb. 1

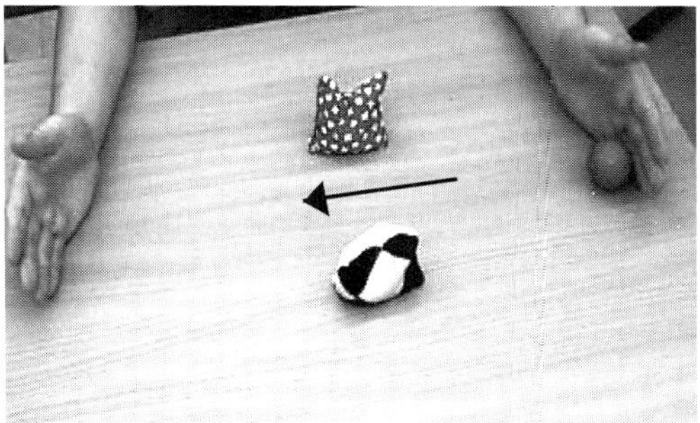
Abb. 2

Übungen	Ziele / Teilziele
– Wir nehmen **den Ball** in die Hand, lassen ihn **aus der Hand rollen** und **fangen** ihn **mit der anderen Hand** wieder auf (Aufgabenlösung freistellen).	Handöffnung koordinieren, kreatives Handeln.
– Wie oben, jedoch lassen wir den Ball zwischen der re. und li. Hand wandern, indem wir ihn nach dem Aufnehmen seitwärts über die Seite des kleinen Fingers aus der Hand rollen lassen (Abb. 3).	Abkippen als diadochokinetischer* Bewegungsprozess, Automatisieren der Bewegung.

Abb. 3

Ball aus einer Hand rollen und mit der anderen aufnehmen (fangen)

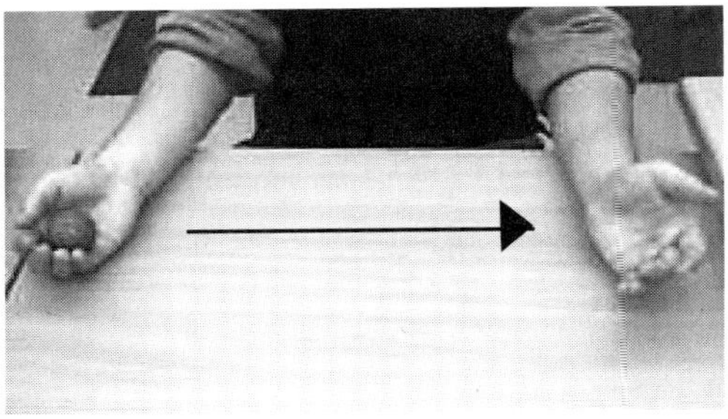

Partnerübung

Übungen	Ziele / Teilziele
– Wir legen **den Ball** vor uns auf den Tisch/Boden und **„schnipsen“** ihn mit dem Daumen und Zeigefinger. Er rollt nun zum Partner.	Neues Bewegungsmuster erlernen und erproben.
– Wir schnipsen den Ball mit – Daumen und Mittelfinger – Daumen und Ringfinger – Daumen und kleinen Finger.	Zielorientiertes Handeln, Geschicklichkeitsübung, Auge-Handgeschick.

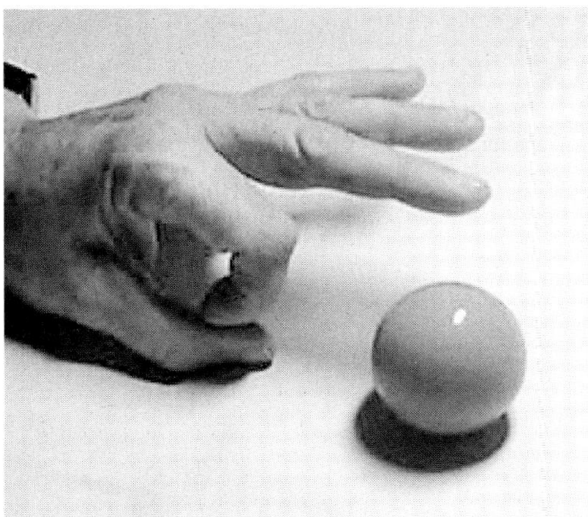

Den Ball zum Partner „schnipsen“.

Kapitel 12
Übungen mit kleinen Sandsäckchen

Material:
2 x Sandsäckchen

Maße:
ca. 80 mm x 80 mm, genäht aus Stoffresten, möglichst die Seiten verschiedenfarbig

Füllung:
Sand oder besser kleine Kieselsteine

Bezugsquelle:
Kapitel 5, Abb. 1

Zur Übungsdurchführung:
Die nachfolgenden Übungen sind nicht altersbegrenzt, also ebenfalls geeignet für die Bewegungsarbeit mit Senioren.
Für einige Übungen benötigen wir etwas mehr Platz und sollten, je nach Übungsaufgabe, diese frei sitzend im Raum oder mit etwas Abstand zum Tisch durchführen.
Bei Wurfübungen aus dem Stand kann es zu mehr Beeinträchtigungen kommen als bei Würfen aus dem Sitz. Beides sollten Sie für Ihr Klientel erproben.
Eine häufige Wiederholung der Übungen führt zur Festigung, Automatisierung und Stabilisierung der Bewegungsmuster.

Kapitel 12.1
Wurfübungen

Übungen	Ziele / Teilziele
– Das Sandsäckchen mit **einer Hand hochwerfen**, anschließend **mit beiden Händen** wieder **auffangen** (mehrere Übungsdurchführungen). – Die Wurfhand wird gewechselt.	Freie Bewegungserprobung, Materialerfahrung, Auseinandersetzung mit der Bewegungssituation, Auge-Handgeschick,
– Das Sandsäckchen mit **einer Hand hochwerfen, mit derselben Hand wieder auffangen.** „Achte auf deine Wurfhöhe, vielleicht ist es besser nicht zu hoch zu werfen. Probiere aus."	Übung zur Verbesserung der visuomotorischen Koordination*, kraftdosiertes Werfen, visuelles Verfolgen eines Gegenstandes,
– „Fällt das Sandsäckchen häufig herunter, dann liegt es vielleicht daran, dass du es nicht mit den Augen verfolgst."	erneutes Motivieren.
– Der Spielleiter sollte die **Übung vormachen**, den **Blickkontakt zum fliegenden Sandsäckchen** verdeutlichen und vielleicht noch durch eine Kopfbewegung beim Hinterherschauen verstärken.	Kreuzen der Körpermitte, Hand-Fingermotorik und visuomotorische Funktionen*.
– Wir **werfen** das Sandsäckchen mit der **rechten Hand** (Linkshänder mit der linken Hand) und **fangen** es **mit der anderen** wieder auf **und umgekehrt**.	Einbeziehen der subdominanten Hand*, erhöhte Anforderung an die kraftdosierte Steuerung und visuomotorische Funktion*.

Übungen	Ziele / Teilziele
– Eine Hand halten wir so gegen die Stirn, als würden wir vom Gegenlicht geblendet (der Rand einer Schirmmütze – Abb. 1).	Ständige Blickrichtungsänderungen, Verbesserung der Antizipationsbereitschaft*.
In der anderen Hand liegt das Sandsäckchen auf der **geöffneten, nach oben zeigenden Handinnenfläche.** Der **Abwurf** erfolgt aus der **Bauchhöhe**, das **Sandsäckchen darf den Rand unserer Schirmmütze nicht übersteigen** (aus dem Blickfeld geraten), dabei verfolgen wir den Flug des Säckchens nur mit den Augen und **bewegen nicht** den **Kopf**. Wir fangen das Sandsäckchen mit derselben Hand wieder auf (häufige Wiederholung).	Aktivieren und Verbessern motorischer Funktionen der subdominanten Hand.
– Handwechsel, die vorherige Wurfhand übernimmt die Rolle der „Sonnenblende“.	

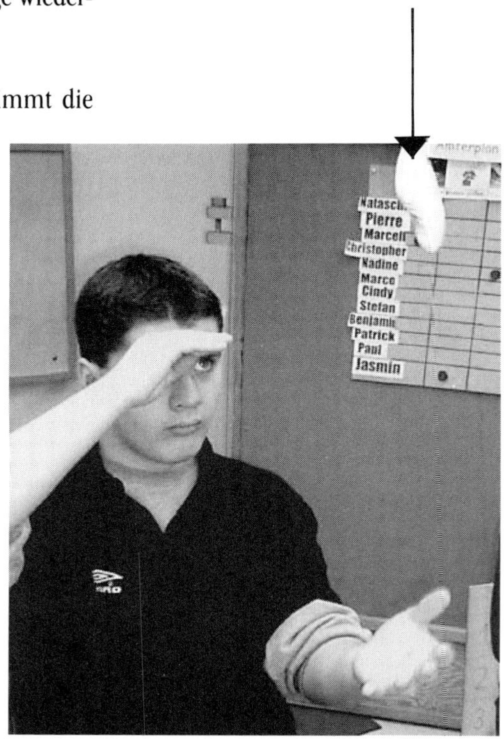

Abb. 1

Die rechte Hand als „Sonnenblende“ an die Stirn halten, die linke Hand wirft.

Übungen	Ziele / Teilziele
– Wir setzen uns eine Schirmmütze auf. Der vordere Rand der Schirmmütze soll bei den nächsten Übungen die Wurfhöhe begrenzen.	Einstimmung auf die folgenden Übungen.
Wir werfen das Sandsäckchens in die Höhe und und fangen es mit der anderen Hand (ggf. Übungen vorgeben und häufig auf die Wurfhöhe hinweisen) (leichter Bogenwurf). Wechsel: – Fanghand wird zur Wurfhand.	Übungserprobung, kraftdosiertes, auf die rechte und linke Hand abgestimmtes, feinmotorisches Handeln. Anforderung an die Visuomotorik*.

Hinweis!
Die Handinnenfläche sollte beim Abwurf nicht zur Körpermitte gekippt werden.
Das deutliche Abkippen der Hand erschwert den Bogenwurf.
Es sind einige Erprobungen und Verdeutlichungen des Spielleiters nötig.

Übungen	Ziele / Teilziele
– Erprobe verschiedene Abwurftechniken! Durch das schnelle Hochkippen des Handgelenkes ist ein Abwurf genauso möglich wie durch das Feststellen des Handgelenkes und das Hochkippen des Unterarmes.	Handlungstechniken feinmotorischer Abläufe auf sich übertagen. Rotationsbewegungen der Hand provozieren.
– Wir legen das **Sandsäckchen auf die Außenhand** (die Hand gestreckt, Finger geschlossen) und werfen es so hoch, dass wir es anschließend wieder **mit beiden Händen auffangen** können. Handwechsel	Statische und dynamische, feinmotorische Bewegungsprozesse miteinander verbinden, Auge-Handkoordination*.
– Wir legen das **Sandsäckchen auf die Außenhand** und werfen es hoch, schnelle Handdrehung und **mit derselben Hand wieder auffangen** (Innenhand). – Handwechsel – häufige Wiederholung	Wie vorher, jedoch die Rotation des Handgelenkes als isolierten Bewegungsprozess aktivieren.
– Wir legen das **Sandsäckchen auf die rechte, gestreckte Außenhand** mit Fingerschluss (bei Linkshändern die linke Außenhand), werfen es hoch und **fangen** es **mit der anderen Hand.**	Kreuzen der Körpermitte, Hand-Fingermotorik, visuomotorischer Funktionen*, Koordination der Hände verbessern.
– Wie vorher, nur von der **Innenfläche der Wurfhand** zur **Außenfläche der Fanghand.**	Erhöhte Anforderung an das Hand-Fingergeschick, Auge-Handkoordination* und Visuomotorik*, Statomotorik* der Unterarm-Fingermotorik.
– Abwurf von der Handaußenfläche, fangen mit der Handinnenfläche – mit einer Hand – von Hand zu Hand	

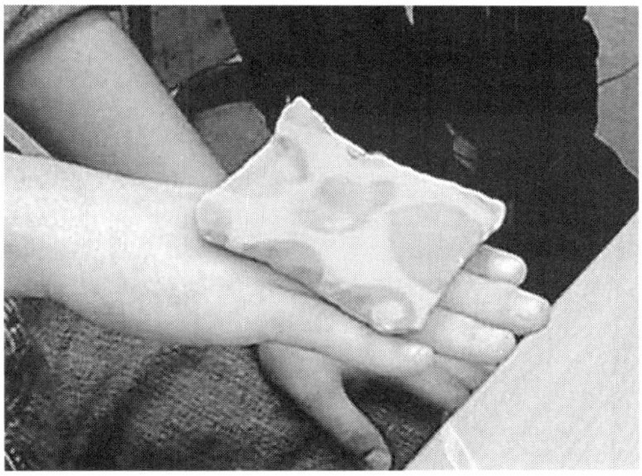
Abwurf mit der rechten Außenhand und...
(dann umgekehrt)

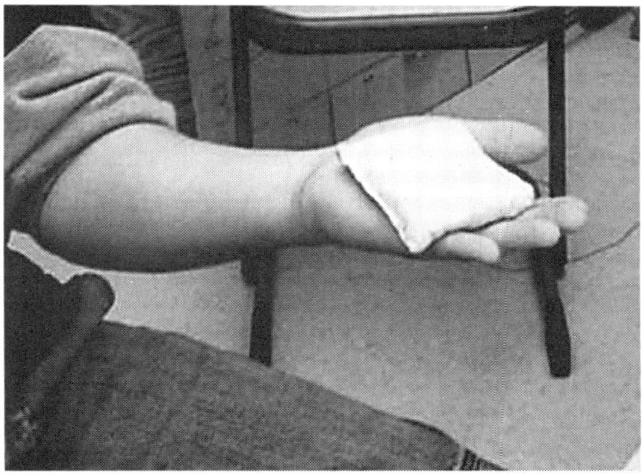
... fangen mit der linken Innenhand

Hinweis!

Sollten Ihnen die Übungen zu schwierig für Ihre Kinder erscheinen, dann lassen Sie die Sandsäckchen auf vorher festgelegte Ziele werfen.

Als Beispiel – Sitzen im Stuhlkreis, in der Mitte des Kreises befindet sich ein Eimer, Pappkarton oder ähnliches. Die Kinder werfen ihr Sandsäckchen vom Stuhl aus – auf ihm sitzend – hinter/vor ihm stehend – auf ihm stehend.

Auch hier können Sie unterschiedliche Wurftechniken abfordern:

– so wie es jeder kann
– aus der Handinnenfläche
– von der Handaußenfläche
– jeweils mit Handwechsel.

Kapitel 12.2

Sandsäckchensalto

Übungen	Ziele / Teilziele
Hinweis! Jetzt zeigt sich der Vorteil eines zweifarbigen Sandsäckchens. Ein sich drehendes Sandsäckchen können wir aufgrund seiner unterschiedlich farblichen Flächen besser visualisieren (mit den Augen verfolgen - vergl. „Wenn das ‘O’ Ecken hat“ Hauke Stehn, die visuomotorische Diagnostik, Kapitel 4). – Wir legen das Sandsäckchen flach auf die gestreckte rechte Innenhand (Linkshänder nehmen die linke Hand).	Einstimmung auf das Thema ‚Salto“. Hinweis auf das zweifarbige Sandsäckchen, visuelle Aufmerksamkeit anregen.
Erprobe verschiedene Abwurftechniken!	
– Durch das schnelle Hochkippen des Handgelenkes ist ein Abwurf genauso möglich wie durch – das Feststellen des Handgelenkes und das Hochkippen des Unterarmes. Das Säckchen wird mit der Wurfhand wieder aufgefangen. **Verfolge mit deinen Augen nicht nur die Flugbahn, sondern auch die Drehungen, die das Sandsäckchen in der Luft macht.** – Das Sandsäckchen soll geworfen werden – mit geringer Rotation – mit starker Rotation	Verschiedene Abwurfmöglichkeiten erproben, Bewegungsmuster festigen. Anforderung an die Auge-Hand-geschicklichkeit, Antizipationsbereitschaft*, Fähigkeit zur Handrotation Visuomotorische Anforderung*, Augenbeweglichkeit in der vertikalen Richtung aktivieren.
– Wir legen das **Sandsäckchen** wieder **flach auf die gestreckte, rechte Innenhand** (Linkshänder nehmen die linke Hand). „**Merkt euch die Farbseite,** die nach oben zeigt.“	Erhöhte Anforderung an den kraftdosierten Abwurf der Hand-Finger-Unterarmmuskulatur.

Übungen	Ziele / Teilziele
Jetzt wird das **Sandsäckchen** so **geworfen**, dass es nur eine – ½ Drehung in der Luft durchführt, **einen halben Salto,** und wenn das Sandsäckchen wieder auf eurer Hand landet seht ihr die andere Seite/Farbe.	Körperbewegung und Armbewegung isolieren. Statische und dynamische Bewegungen miteinander verbinden bzw. isolieren.
– Ganze Drehung, **also ein ganzer Salto**, die Farbseite, mit der das Sandsäckchen startet, zeigt wieder nach oben. – Kinder, die die Flugbahn und die Drehungen des Sandsäckchens verfolgen können, erproben den – 1 ½ - fachen Sandsäckchensalto oder den – 2 - fachen Sandsäckchensalto.	Motivationsebene schaffen, erhöhte Anforderung an die feinmotorische Bewegungsgeschwindigkeit der Hand-, Finger-, Unterarmmotorik, visuomotorische Fähigkeit.
– Die Saltowürfe sollten auch mit der subdominanten Hand erprobt werden.	Bewegungsgeschick der subdominanten Hand* ansprechen und aktivieren.
– Saltowürfe erfolgen jetzt zwischen beiden Händen.	Kreuzen der Körpermitte, Hand-Fingermotorik, visuomotorische Funktionen*, Koordination der Hände verbessern.
– Jonglieren	
Hinweis! Geeignet für Kinder, die das Werfen mit einem Sandsäckchen von der einen zur anderen Hand bereits schaffen und sich über einen längeren Zeitraum auf die Aufgabe einlassen und konzentrieren können.	Neue Motivationsebene schaffen. Einstimmung auf den Bewegungsablaufes des Jonglierens.
– Mit der **rechten Hand** wird ein Sandsäckchen im **leichten Bogenwurf zur linken Hand** geworfen und gefangen. – Der gleiche Ablauf erfolgt von der linken zur rechten Hand. – In **jeder Hand halten wir** in der fast gestreckten Innenhand **ein Sandsäckchen.** Wir **werfen die Sandsäckchen** gleichzeitig im **leichten Bogenwurf zur anderen Hand.**	Insgesamt stellt das Jonglieren deutliche konzentrative Anforderungen. Es fordert ein hohes Maß an Hand-Fingergeschicklichkeit beider Seiten und visuomotorische Geschicklichkeit*.
Auch wenn das Fangen noch nicht gleich gelingt, so sollten die Bewegungen so dosiert sein, dass die Sandsäckchen dicht neben dem Fuß der anderen Seite landen. Das **Werfen über Kreuz** gelingt den meisten Kindern im Knien besser.	Bei visuomotorischen Schwierigkeiten/Auffälligkeiten sollte diesbezüglich eine Diagnostik durchgeführt werden (siehe „Wenn das 'O' Ecken hat" Hauke Stehn, Kapitel 4).

Kapitel 13

Übungen mit Murmeln

Material:
mind. 8 Murmeln bis 10 mm Durchmesser (nicht größer)
1 x Joghurtbecher

Hinweis!
Bei Übungen mit den Murmeln passiert es häufiger, dass eine zu Boden fällt.
Das Arbeiten mit den Murmeln am Tisch ist für viele Kindern aber leichter als die freie Bewegung auf dem Boden. Vor dem Übungsbeginn sollte eine feste Sitzposition (vergl. „Kapitel 15.4") gewählt werden. Kinder mit einer (ausgeprägten) Muskelhypotonie* leisten in einer „haltlosen Sitzposition" am Tisch weniger. Bei statischen Übungen sollten die Oberarme am Körper gehalten werden, um den Steuerungsprozess der Hand besser zu bewältigen. Diese Form der Bewegungsisolierung hilft insbesondere Kindern mit einer diagnostizierten Unwillkürmotorik (vergl. „Wenn das 'O' Ecken hat", Hauke Stehn, Kapitel 3.4)

Bewegungsgeschichte:
„Eine Murmel geht wandern."
Eine Murmel wird in die Hand gelegt, danach Faustschluss.

Vorübung
Spielleiter/in sagt:

„Die Murmel kann nicht sehen und möchte gerne wandern gehen. Um ihr viel von der Welt zu zeigen, öffnen wir die Hand so weit wir können. Jetzt gehen wir mit der Murmel wandern, ohne sie zu verlieren."

Die Kinder bewegen sich im Raum und beobachten die in der Handinnenfläche liegende Murmel.

Spielleiter/in sagt:

„Da die Hand sich vom Wandern erholen möchte, wird die Murmel nun mit der anderen Hand getragen."

Je nach Raumgestaltung wandern wir mit der Murmel um einen Tisch, Stuhl zum Schrank usw. und erzählen jeweils, was wir auf unserer Wanderung sehen.

Oder wir erzählen eine Fantasiegeschichte.

Während die Murmel in der **re., flache Innenhand** liegt, gehen wir durch den Wald und horchen in diesen hinein. „Ihr ward sicherlich schon einmal in einem Wald..."

Spielleiter/in sagt:

„Welche Geräusche habt ihr dort schon einmal gehört?"

Die Kinder sollen ihre Geräuscherfahrungen mitteilen z.B. Vogelgezwitscher, das Rauschen der Blätter, das Knacken der Zweige usw.. Da die Wanderung etwas länger andauert trägt nun die li. weit geöffnete Handinnenfläche die Murmel.

Spielleiter/in sagt:

„Wir kommen auf unserem Wanderweg an ein sumpfiges Gelände. Damit unsere Murmel nicht in den Sumpf fällt, klemmen wir sie **zwischen die Fingerspitzen des Zeige- und Mittelfingers** (Abb. 1).
Was wisst ihr über einen Sumpf?
Gibt es dort Tiere?"

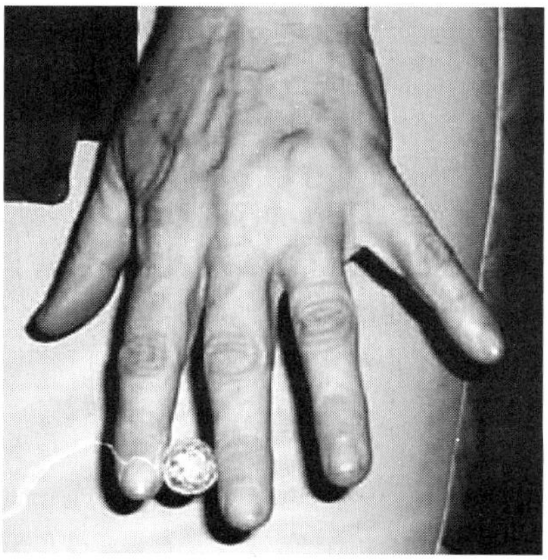

Abb. 1

Die Kinder gehen und berichten nun, was sie über den Sumpf wissen. Es gibt z. B. Frösche, Kröten, Mücken, Sumpf- und Schlingpflanzen usw. Der sumpfige Untergrund ist weich, feucht, teils nass und matschig, etc.

Während des Erzählens können sich die Finger beim Tragen abwechseln oder wir finden weitere Murmeln im Sumpfgelände (Spielleiter/in legt vorher an verschiedenen Stellen Murmeln auf den Boden, Tisch oder Stuhl usw.).
Spielleiter/in fordert die Kinder auf, die Geschichte fantasievoll weiterzuerzählen und unterbricht hin- und wieder das Geschehen, um die Murmeln auf verschiedene Weise durch den Wald oder das Sumpfgelände transportieren zu lassen.

Hier die verschiedenen Transportmöglichkeiten:

Übungen	**Ziele / Teilziele**
– Die Murmel wird zwischen den Fingerspitzen gehalten (Abb. 1). Entweder jeweils nur eine Murmel oder bis max. vier Murmeln zwischen (Abb. 2). **Daumen – Zeigefinger** **Zeigefinger – Mittelfinger** **Mittelfinger – Ringfinger** **Ringfinger – kleiner Finger** oder	Die Stifthaltemotorik wird gefordert und gekräftigt. Die statische Übung wirkt zusätzlich durch den feindosierten Kraftandruck auf die Murmel. Feinsteuerung der Fingermotorik.
– **Nur eine Murmel** wird im Zangen- oder Pinzettengriff gehalten und zwar zwischen Daumen – Zeigefinger Daumen – Mittelfinger Daumen – Ringfinger Daumen – kleiner Finger } Abb. 3	Die Statomotorik* einzelner, spezialisierter Muskelgruppen beim Greifen im Pinzettengriff* wird gefordert und gekräftigt.

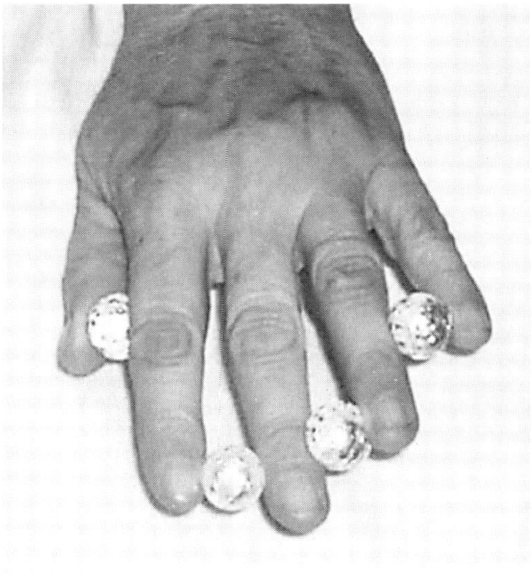

Abb. 2

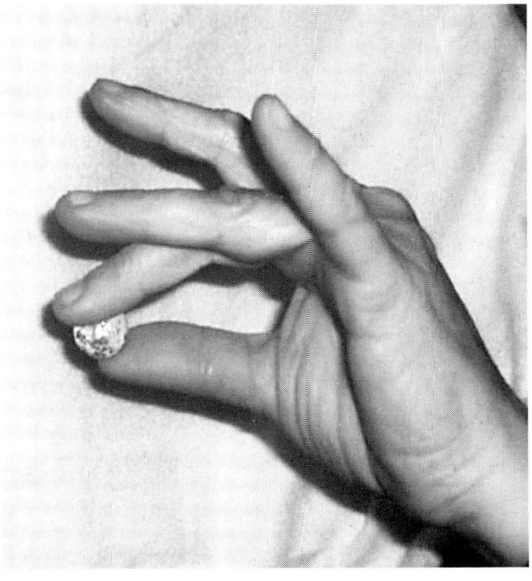

Abb. 3

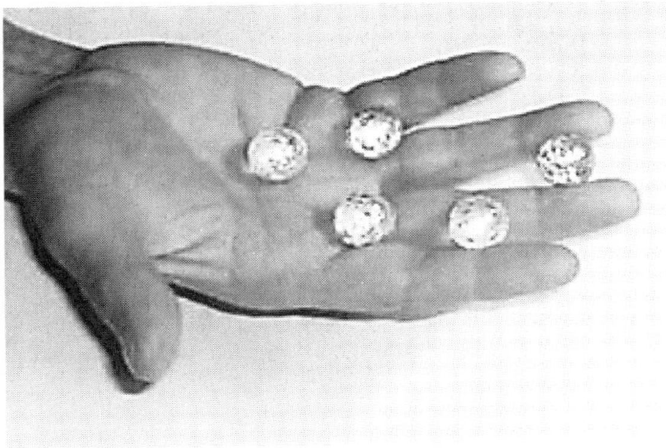

Abb. 4

Übungen

oder

– Eine Murmel wird auf die **gestreckte Innenhand** gelegt. Fingerschluss, weitere Murmeln zwischen
  Handfläche und Daumen
  Zeige- und Mittelfinger
  Mittel- und Ringfinger
  Ring- und kleinem Finger
  } Abb. 4

  Mit dieser Möglichkeit des Murmeltransports können wir entweder eine oder mehrere Murmeln auf die Hand legen.

oder

– Die Murmel(n) werden auf die gestreckte **Außenhand** gelegt.

oder

– Die Murmel liegt **zwischen Daumen und Zeigefinger** (die Handkante liegt auf dem Tisch, Abb. 6).

Ziele / Teilziele

Die statomotorischen* Fähigkeiten der Unterarm- und Hand- Fingermotorik werden gefordert bzw. deren Muskelgruppen gekräftigt. Diese Übung eignet sich insbesondere für Kinder mit einer ausgeprägten Muskeltonusunterfunktion(Muskelhypotonie*).

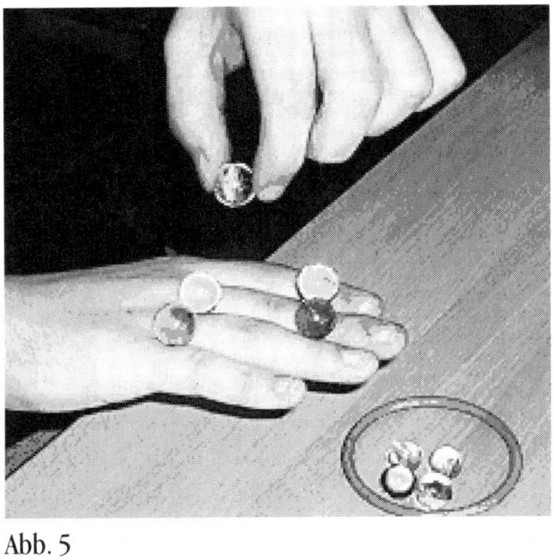

Abb. 5

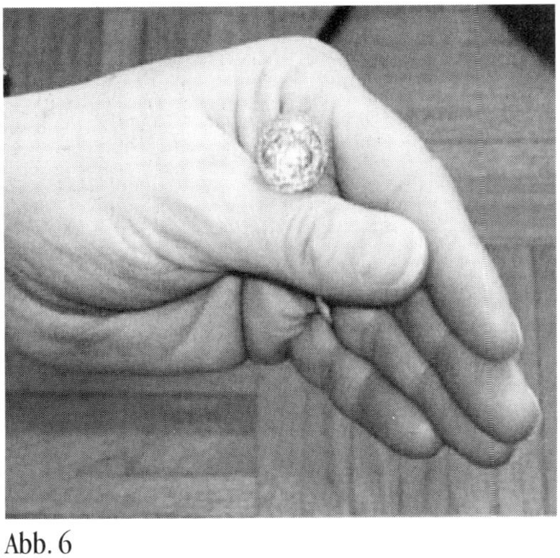

Abb. 6

Kapitel 13.1

Bewegungsgeschichte: „Acht Murmeln reisen mit der Hand“

Material:
mind. 8 Murmeln ca. 10 mm Durchmesser
1 x Joghurtbecher

Spielleiter/in sagt und gibt jeweils die dazugehörigen Bewegungen vor:

„Diese Hand (zeigen) möchte etwas erleben. Sie guckt zur rechten und dann zur linken Seite, sie guckt zur Zimmerdecke und zum Fußboden.“

Der kleine Reim, der sich im Laufe der Geschichte leicht verändert, wird wiederholt:

Spielleiter/in sagt:

„Die Hand, die fühlt sich so allein, da steigt jetzt eine Murmel ein.“

Die erste Murmel wird zwischen die Fingerwurzeln des Daumen und Zeigefingers gesteckt und mit leichtem Andruck gehalten (Abb. 1).

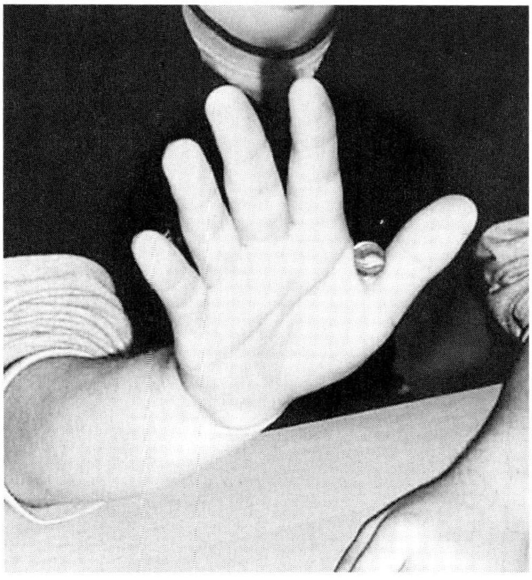

Abb. 1

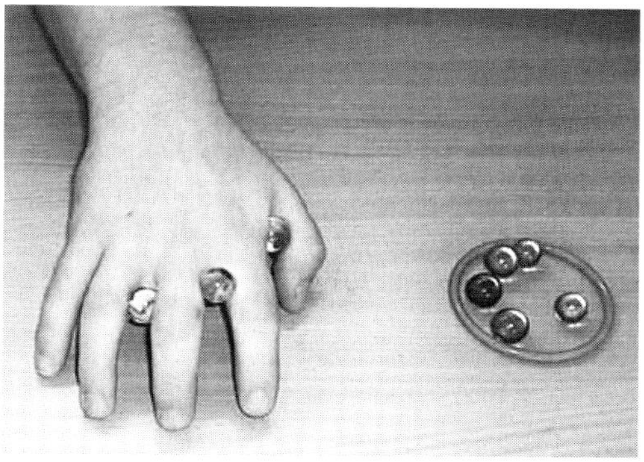

Abb. 2

Spielleiter/in sagt:

„Die Hand schaut sich zusammen mit der Murmel das linke, dann das rechte Ohr an. Sie ruht sich kurz auf dem Kopf aus. Sie schauen zusammen unter den Tisch, dann auf den Rücken.”
„Hand und Murmel fühlen sich so allein, da steigt jetzt eine zweite Murmel ein.“

Die zweite Murmel wird zwischen die Fingerwurzeln des Zeige- und Mittelfingers gesteckt und gehalten.

Spielleiter/in sagt:

„Die Hand geht zusammen mit beiden Murmeln zur Kirmes (Jahrmarkt / Rummel) und möchten Karussell fahren.“

Die Finger laufen über die Tischfläche ohne die Murmeln zu verlieren und besuchen das Karussell.

Der/die Spielleiter/in erzählt die Geschichte nach Belieben weiter z. B. Geisterbahn, Dosenwerfen, Eis essen, Achterbahn usw.
Die Bewegungsdurchführung wird den Kindern freigestellt. Die visuellen Vorgaben des Spielleiters sollen das Kind ermuntern, möglichst vielfältige Bewegungen mit der Hand (und den Murmeln) durchzuführen.
Die Handbewegungen sollten fließend, rund durchgeführt werden. Häufige Wiederholungen drehender Bewegungen führen zu mehr auto-

matisierten Bewegungsprozessen, die schreibmotorische Funktionen unterstützen helfen. Weitere Bewegungsformen sind das wiederholte Abknicken (Winken als Beug-Streckbewegung) im Handgelenk, als auch das Winken mit seitlicher Drehung.

Wir legen die Hand zum „Ausruhen“ zwischenzeitlich auf die vorher genannten Körperteile (Ohr, Bein, Hinterkopf, Knie usw.). Mit diesen Übungen wird der Körperbegriff gefestigt.

Der Verlauf der Geschichte sieht vor, dass immer eine Murmel mehr einsteigt (mit dem kleinen Reim).

„Die Hand, die fühlt sich so allein, da steigt jetzt eine dritte (Abb. 2) **vierte, fünfte usw. Murmel ein.“**

Nachdem die vierte Murmel eingestiegen ist, stecken wir die fünfte Murmel zwischen die Spitzen des Daumens und des Zeigefingers. Die Fingerspitzen beugen wir so weit an, dass die Murmel leicht zu greifen ist.
Die sechste Murmel stecken wir zwischen die Spitzen des Zeige- und Mittelfingers, die siebente zwischen den Mittel- und Ringfinger und schließlich die achte Murmel zwischen den Ring- und kleinen Finger (Abb. 3)

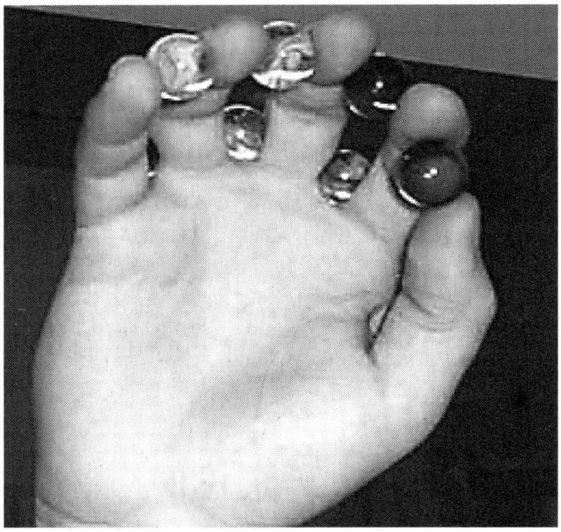

Abb. 3
Acht Murmel reisen mit der Hand

Spielleiter/in sagt:

„Die Hand und alle Murmeln freuen sich nicht mehr allein zu sein. Die Reise war anstrengend und geht nun zu Ende. Die Murmeln müssen wieder aussteigen. Ein altes Sprichwort lautet: ‘Die Letzten werden die Ersten sein.’ Nach diesem Sprichwort lassen wir die Murmeln aussteigen.“

Die Murmeln lassen wir nun in umgekehrter Reihenfolge wieder aussteigen. Die Murmel zwischen den Spitzen des kleinen und des Ringfingers steigt als erste aus, usw. Als letzte steigt die zwischen die Fingerwurzeln des Daumens und Zeigefingers gesteckte Murmel aus.
Alles geschieht ohne Hilfe der freien Hand. Die Murmeln fallen nacheinander in den leeren Joghurtbecher.

Feinmotorische Ziele/Teilziele

- Spaß und Freude an feinmotorischen Bewegungen,
- Fingerbewegungen isolieren,
- diadochokinetische (automatisierte) Bewegungen, die schreibmotorische Bewegungsprozesse unterstützen,
- kraftdosierte Übungen (Kraftandrucksregulierung – ein Bewegungsprozess, der beim Schreibduktus wichtig ist, um ein Verkrampfen der Hand beim Schreiben zu vermeiden).

Ziele der Raumlageorientierung:

- Umgang mit räumlichen Begriffen wie oben, unten, rechts, links usw.
- Verbesserung des Raumlagewahrnehmungsbegriffes/Raumorientierung.

Sonstige Ziele:

- Umgang mit dem Zahlenbegriff/Zahlen
- Konzentrationsübung, eingebunden in einen Bewegungsgeschichte
- Mitgestaltung einer Geschichte/Kreativitätsförderung
- aktiv und passiv sprachlich agieren.

Kapitel 13.2

„Murmelmikado“

Material:

mind. 8 Murmeln ca. 10mm Durchmesser
1 x Joghurtbecher
Als Spielfläche dient ein waagerechter Tisch oder glatter Fußboden.
Der Untergrund sollte einfarbig gehalten sein.

Spielregel:

Ein Spieler stülpt den Joghurtbecher um, so dass alle Kugeln vom Becher bedeckt werden (wie beim Würfelspiel). Nun wird der Becher vorsichtig angehoben. Alle Kugeln müssen ruhig liegen.

Die Spieler dürfen jeweils eine Murmel mit Daumen und Zeigefinger aufsammeln (Abb. 1), ohne eine andere Murmel zu berühren. Bewegt sich eine, dann ist der/die nächste Spieler/in an der Reihe. Wer die meisten Murmeln fehlerfrei aufgesammelt hat ist Sieger.

Änderung der Spielregeln:

- Die Murmeln dürfen nur mit Daumen- und Mittelfinger genommen werden.
- Die Murmeln dürfen nur mit Daumen- und Ringfinger genommen werden.
- Die Murmeln dürfen nur mit Daumen- und kleinem Finger genommen werden.
- Die erste Murmel wird mit Daumen und Zeigefinger, die zweite mit Daumen–Mittelfinger, die dritte mit Daumen–Ringfinger, die vierte mit Daumen und kleinem Finger usw. genommen.
- Durchführung mit der anderen Hand.
- Handwechsel nach jeder erfolgreichen Entnahme einer Murmel.

Ziele/Teilziele:

- Festigen und stabilisieren des Bewegungsmusters Zangen*- und Pinzettengriff*.
- Fingerbewegungen isolieren, aktive und passive Fingerbewegungen abstimmen.
- Beschleunigen und Abbremsen einer feinmotorischen Bewegung auf engstem Raum (Feinststeuerung als Vorbereitung grafomotorischer* Fähigkeit).
- Verbesserung der Auge-Handgeschicklichkeit.
- Verbesserung visuomotorischer* Koordination und visueller Fixierung (vergl. Kapitel 4 „Wenn das ‘O’ Ecken hat“ – Hauke Stehn 2005).

Soziale Ziele:

- sich an vorher festgelegte Regeln halten
- das eigene und das Handlungsgeschick anderer anerkennen.

Beim Greifen einer Murmel mit Daumen und Zeigefinger darf beim Spiel „Murmelmikado“ keine weitere berührt werden.

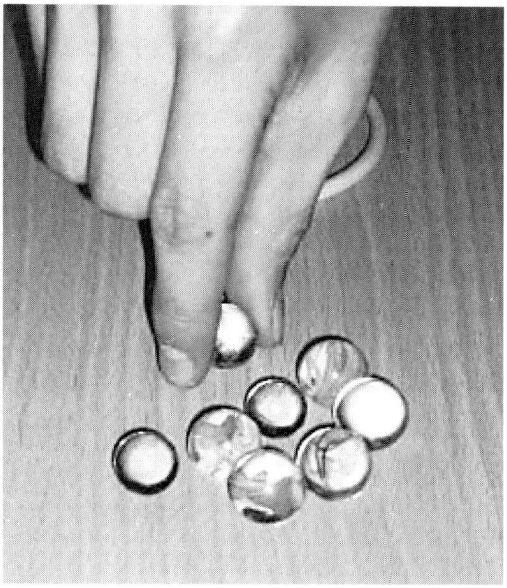

Abb. 1

Kapitel 14

Übungen mit Wäscheklammern

Materialbeschreibung:
Benötigt werden 20 farbige Wäscheklammern, je 5 Klammern in rot, blau, gelb, u. weiß (auch andere Farben möglich).
Die Klammern werden auf einem ca. 14 x 5 cm Holzstreifen festgeklammert. Je eine Hälfte des Holzstreifens wird in der jeweiligen Klammerfarbe bemalt (Abb. 1).
Den Holzstreifen fertigen Sie aus einem ca. 3mm starken Sperrholz mit den oben angeführten Maßen an.
Die Materialien können Sie, wie bereits beschrieben, selbst erstellen oder fertig beziehen.
Bezugsquelle: Kapitel 5

Hinweis!
Ein zeitlich zu sehr ausgedehntes Üben mit den Klammern kann zu einer raschen muskulären Ermüdung der Hand-Finger- und Unterarmmuskulatur führen. Hiervon betroffen sind meist Kinder mit einem schwachen Muskeltonus (Muskeltonusunterfunktion*- vergl. Kapitel 3.4.3 „Wenn das 'O' Ecken hat" Hauke Stehn) Achten Sie unbedingt auf die Ermüdungssignale der Kinder und wechseln ggf. das Übungsangebot.

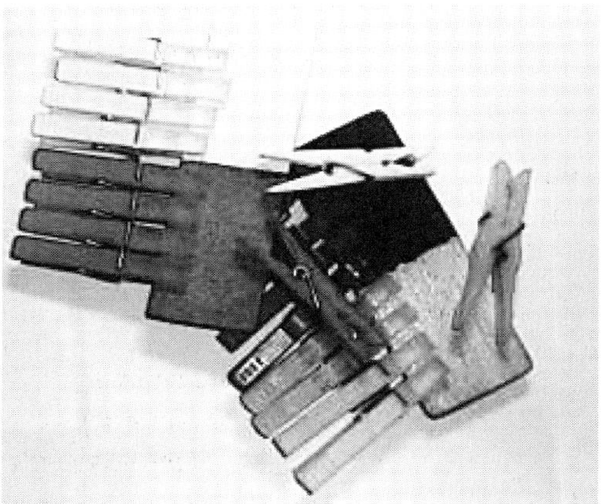

Wichtig ist, neben dem Erlernen einzelner Bewegungsfunktionen mit der Hand und den Fingern, der Spaß und die Freude am Fingerspiel.

Abb. 1

Kapitel 14.1

Zangen- und Pinzettengriff zur Kräftigung der Stifthaltemotorik

Übungen	Ziele / Teilziele
– Wir **nehmen**, so **schnell** wir können, **die Klammern vom Holzstreifen.**	Alle Greifmuster zulassen, Aufgabe frei gestalten.
– Wir **befestigen** möglichst **schnell die Klammern am Streifen.** Die Klammerfarben müssen **nicht** den Farbfeldern zugeordnet werden.	Greifmuster freistellen, freie Aufgabenbewältigung.
– Wir **ziehen die Klammern vom Streifen** (wie 1.) und befestigen sie **anschließend** mit der **entsprechenden Klammerfarbe** im gleichfarbigen **Feld** des Holzstreifens.	Greifmuster beobachten, freie Aufgabenbewältigung.

Übungen	Ziele / Teilziele
– Wir **nehmen jede Klammer** einzeln vom Streifen: die Klammern dürfen **nicht vom Streifen gezogen** werden, sondern sollen durch den Druck zweier Finger auf das Klammerende erst geöffnet und dann auf dem Tisch abgelegt werden. Diese Übung darf auch im Mehrfingergriff durchgeführt werden. Anschließend werden alle auf dem Tisch liegenden Klammern mit derselben Fingerbewegungsform den Farbfeldern zugeordnet aufgesteckt.	Greifmuster weiterhin beobachten. Die Übung führt zu einem automatisierten Bewegungsprozess des Greifens und kräftigt die Hand- Finger- und Unterarmmuskulatur.
– Wir benutzen zum Abnehmen und Aufstecken der Klammern Daumen- und Zeigefinger der rechten oder linken Hand. – Übungswiederholung erfolgt mit der anderen Hand.	Spezialisieren des Zangen* - und Pinzettengriffs* mit zwei Fingern. Automatisieren dieses Greifmusters und Kräftigen der an dieser Bewegung beteiligten Muskelgruppen.
– Übung mit – Mittelfinger – Ringfinger (hier darf ein zweiter Finger helfen) – kleiner Finger (hier darf ein zweiter Finger helfen)	Festigen des Zangen*- und Pinzettengriffs*, Fingerbewegungen isolieren (es werden Muskelgruppen gekräftigt, die in der Greifbewegung vernachlässigt werden).
– Mit **Daumen und Zeigefinger der rechten Hand** nehmen (nicht abziehen) wir die Klammern von den Holzstreifen und mit **Daumen und Zeigefinger der linken Hand** klammern wir sie wieder fest.	Links- Rechtsübungen (Übungen, die die Körpermitte kreuzen aktivieren beide Gehirnhälften).
– Wie vorher, jedoch mit – Mittelfinger – Ringfinger (hier darf ein zweiter Finger helfen) – kleinem Finger (hier darf ein zweiter Finger helfen).	Wie vorher, nur werden jetzt unterschiedliche Muskelgruppen der Hand-Finger-Unterarmmotorik aktiviert und gekräftigt.
– **Daumen und Zeigefinger der rechten Hand** nehmen (nicht abziehen) die **erste** Klammer. **Daumen und Zeigefinger der linken Hand** nehmen (nicht abziehen) die **zweite** Klammer. **Daumen und Mittelfinger der rechten Hand** nehmen (nicht abziehen) die **dritte** Klammer. **Daumen und Zeigefinger der linken Hand** nehmen (nicht abziehen) die **vierte** Klammer usw. Es folgen stets im Wechsel rechte und linke Hand. Wir nehmen immer den nächst folgenden Finger, bis alle Klammern vom Holzstreifen entfernt sind.	Bewegungen, die die Körpermitte kreuzen, werden deutlicher angesprochen als in der Vorübung. Die Handlungsfolge fordert ein ständiges „Umdenken“ in der Bewegungsrichtung (Bewegungsautomatismus beider Hände wird angesprochen).
Das **Aufstecken** erfolgt im gleichen Ablauf wie das Abnehmen der Klammern.	Die muskuläre Funktion **beider** Hände und Finger soll gefordert und aufgebaut werden.

Übungen	Ziele / Teilziele
– Wir entnehmen mit der rechten Hand (die linke Hand hält den Holzstreifen fest) je 5 Klammern einer Farbe mit – Daumen und Zeigefinger (z. B. rot) – Daumen und Mittelfinger – Daumen und Ringfinger und schließlich mit – Daumen und kleinem Finger.	Kinder mit Farbbenennungs-schwierigkeiten können verbal aber auch nonverbal auf die Farbbegriffe reagieren.
In der gleichen Folge stecken wir die Klammern entweder mit derselben oder der anderen Hand wieder auf den Streifen.	

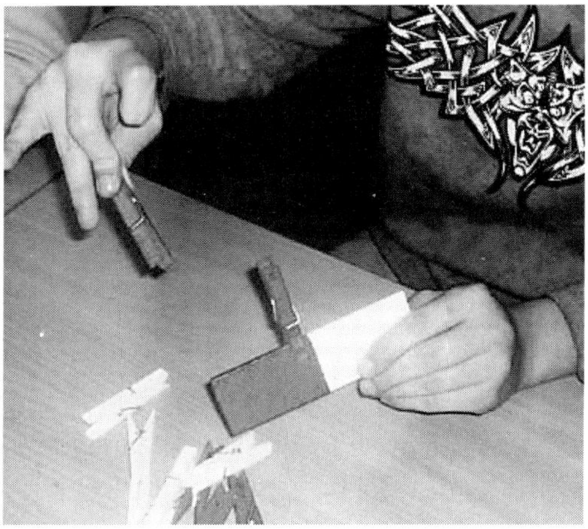

Die Klammern vom Brettchen ziehen...

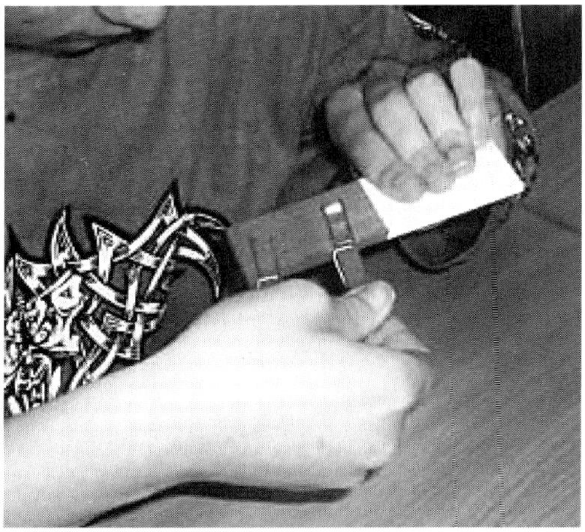

und anschließend wieder der Farbe zuordnend aufstecken.

Kapitel 14.2

Klammerschlange

Übungen	Ziele / Teilziele
– Die auf den Streifen befestigten Klammern liegen so vor uns auf dem Tisch, dass **die Enden gut zu ergreifen** sind (ragen leicht über die Tischkante). (Je ein Streifen für die rechte und ein Streifen für die linke Hand.)	Übungsvorbereitung, Einstimmung.
Wir **entnehmen** möglichst **links und rechts gleichzeitig** je eine Klammer von jedem Streifen (Abb. 1) – die Auswahl der Finger ist freigestellt –.	Beidhändiges, feinmotorisches Handeln fordert erhöhte Konzentration. Visuomotorische* Anforderung,
Beide geöffneten Klammern führen wir zusammen und lassen sie zuschnappen, Abb.2). **„Zwei Klammern fressen sich gegenseitig"**	Auge-Handkoordination, automatisierte Bewegungsprozesse der Feinmotorik beider Hände,

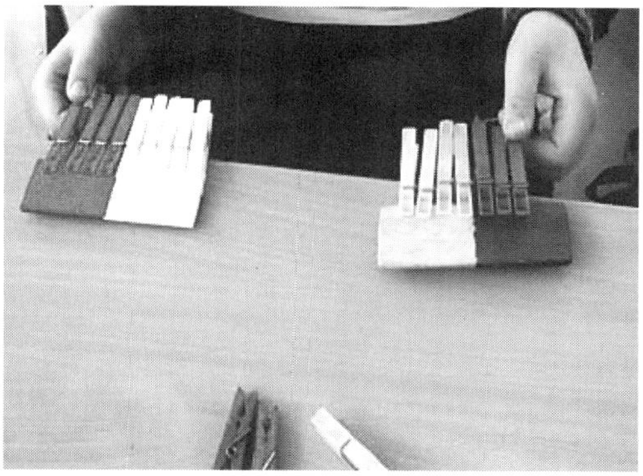

Abb. 1

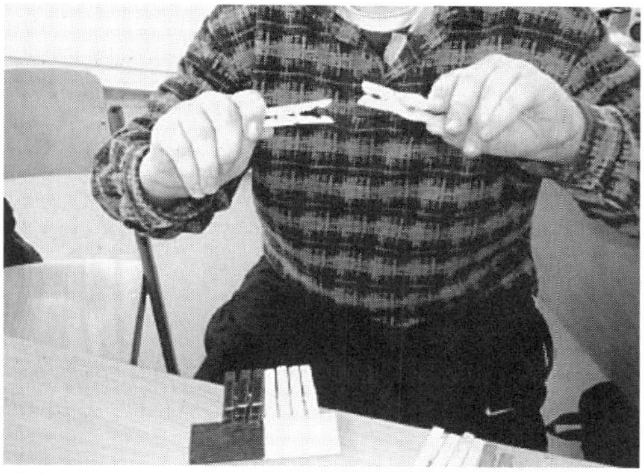

Abb. 2

Übungen	**Ziele / Teilziele**
Die Klammern legen wir auf den Tisch. Nun „fressen“ sich die nächsten Klammern, bis sich keine mehr auf dem Streifen befindet. – Nachdem die Klammern „satt“ sind, klammern wir diese wieder farblich geordnet auf die Holzstreifen und wiederholen die Übung mit anderen Fingern, z. B. – Daumen und Zeigefinger – Daumen und Mittelfinger – Daumen und Ringfinger (andere Finger dürfen helfen) – Daumen und kleinem Finger.	unterschiedliche Anforderung an Koordination und Muskelkraft der Hand-, Finger- und Unterarmmotorik.
Zwei Klammerschlangen fressen sich gegenseitig	
Je ein Streifen für die rechte und ein Streifen für die linke Hand. Die beiden ersten Klammern beißen sich. Die folgenden Klammern beißen jeweils in das Schwanz-(Klammer-)ende der vorherigen Klammer. Es entsteht nach und nach eine immer länger werdende Klammerschlange (s. unten). Die Entstehung der Klammerschlange können wir mit verschiedenen Fingern durchführen.	Spielcharakter, erhöhte Aufmerksamkeitsspanne. Motorische Anforderung wie oben beschrieben.

Klammerschlange

Kapitel 14.3

Vierfarbenschlange

Übungen	Ziele / Teilziele
Freigestellt sind die Anordnung, die Farbauswahl der Klammern oder der Einsatz der aktiven Finger.	Die Übungen mit einem Spielgedanken vorbereiten.
– Wir ziehen die Klammern von den Holzbrettchen, legen sie auf den Tisch, vermischen sie und stecken je 5 gleichfarbige Klammern so zusammen, dass die zweite Klammer der ersten in den „Schwanz" (Grifffläche) beißt. Der Einsatz der Finger ist freigestellt.	Materialgewöhnung, Spielgedanken auf sich übertragen. Auge-Handkoordinationsübung*. Fingerbewegungen isolieren. Muskeltonuskräftigung der Hand-, Finger- und Unterarmmotorik. aktive Farbwahrnehmung.
– Alle Klammern liegen auf dem Tisch. Wir bauen eine Schlange in einer bestimmten Farbreihenfolge z. B. erst eine rote, dann eine weiße, gelbe und blaue Klammer, weitere Reihenfolge mit denselben Farben.	
– Jedes Kind überlegt sich eine andere Farbreihenfolge, z. B. – gelb, rot, weiß, blau.	Reihen und Folgen übertragen. Farbwahrnehmung und Handlungsstrukturen übertragen. Merkfähigkeit und motorisches Handeln übertragen und umsetzen.
– Die Klammern liegen vermischt auf dem Tisch. Wir denken uns eine neue Farbzusammenstellung der Klammerschlange aus, z. B. rot, blau, gelb, weiß, und bauen die Schlange mit – Daumen und Zeigefinger – Daumen und Mittelfinger – Daumen und Ringfinger – Daumen und kleinem Finger Die Handwahl rechts oder links, wird freigestellt.	Hand-Fingergeschick verbessern. Kraftdosiert feinmotorisch agieren, zielkontrolliertes, feinmotorisches Handeln.
– Die oben beschriebenen Übungen können wir auch mit der passiven Hand durchführen. Die andere Hand darf helfen.	
– Die auf den Streifen befestigen Klammern liegen so vor uns auf dem Tisch, dass die Enden gut zu ergreifen sind (ragen leicht über die Tischkante), je ein Streifen für die rechte und für die linke Hand (Kapitel 14).	Erhöhte feinmotorische Anforderung und Aufmerksamkeit, Handlungsgeschick einer Hand erproben.
– Wir bauen mit **beiden Händen** eine Klammerschlange.	
– Wir bauen **mit einer Hand** eine Klammerschlange (aufstehen erlaubt, die andere Hand **darf nicht helfen**).	Handlungsgeschick der subdominanten Hand* erproben.
– Übungswiederholung, aber nun Handwechsel.	

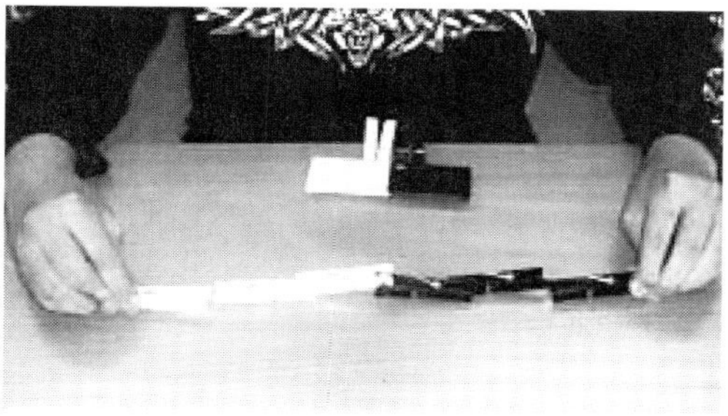

Wir bauen mit eine
zweifarbige Klammerschlange

Kapitel 14.4

Klammerbrücke

Übungen	Ziele / Teilziele
– Zwei Klammern bleiben an den Enden stehen. Die Griffenden der Klammern stellen wir auf den Tisch (Abb. 1). Wir nehmen die restlichen Klammern vom Holzstreifen.	Übungen mit einem Spielgedanken vorbereiten.
Das gleiche führen wir mit dem zweiten Holzstreifen durch. Vor uns stehen nun zwei „Brücken".	Materialgewöhnung, Auge-Handkoordinationsübung*. Fingerbewegungen isolieren,zielorientiertes, feinmotorisches Handeln, Muskeltonuskräftigung der Hand-, Finger- und Unterarmmotorik.
– Die auf dem Tisch liegenden Klammern befestigen wir auf den Brücken (die Klammern sind Menschen, die sich auf die Brücke stellen - Abb. 2). (Aufgabe frei stellen. Die Brücke darf in die Hand genommen werden.) Zum Schluss stehen die Brücken mit allen Klammern (Menschen) auf den Tisch.	Erhöhte Anforderung an die Feinsteuerung.
– Wir nehmen die Klammern vorsichtig von der Brücke, so dass diese nicht umfällt.	Seitendominantes Handeln in der Feinsteuerung.
– Wir stellen die Brücke auf den Tisch und klammern **ohne Zuhilfenahme der zweiten Hand** alle Klammern wieder auf die Brücke oder **mit beiden Händen gleichzeitig.**	
– Die vorher passive Hand nimmt die Klammern wieder vorsichtig ab.	Feinmotorisches Handeln in der Feinsteuerung der subdominanten Hand.
– Die vorangegangenen Übungen können wir differenzierter durchführen, z.B. klammern wir nur mit – Daumen und Zeigefinger (rote Klammern ins rote Feld) – Daumen und Mittelfinger (weiße Klammern ins weiße Feld) u.s.w.	Merkfähigkeit und motorisches Handeln, Farbwahrnehmung und Fingergeschick.

Abb. 1

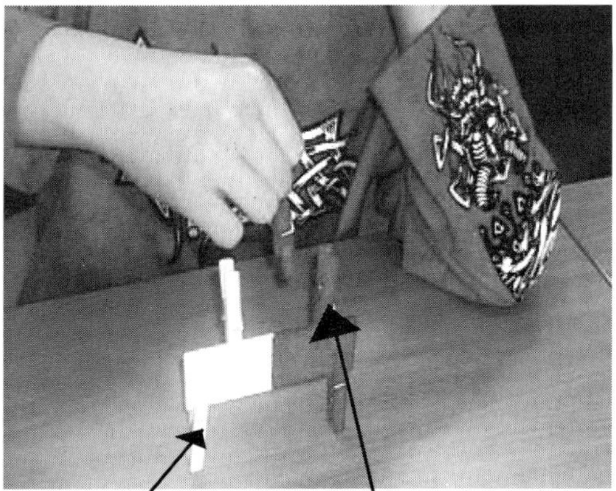

Brückenpfeiler „Menschen" auf der Brücke

Mit einer Hand werden die „Menschen" auf die Brücke gestellt.

Abb. 2

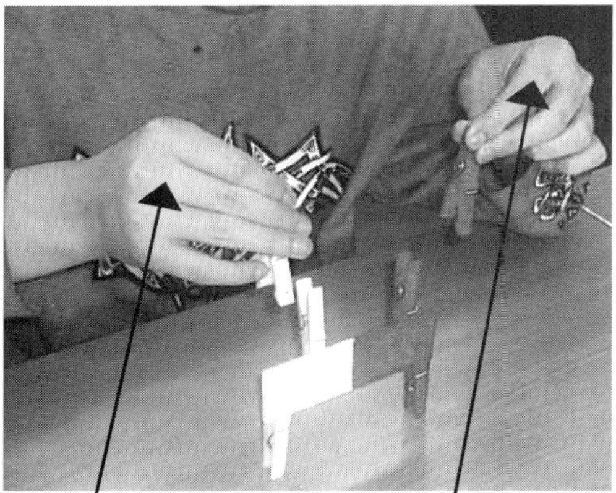

Mit beiden Händen gleichzeitig werden die „Menschen" auf die Brücke gestellt.

Kapitel 14.5

Kleider klammern

Die Übungen lassen sich gut ein einer Gruppe durchführen.

Übungen	**Ziele / Teilziele**
– Wir nehmen jeweils eine Klammer vom Holzstreifen und befestigen diese an unserer Kleidung. Wo gelingt es am besten?	Übungen mit einem Spielgedanken vorbereiten.
– Wir nehmen die Klammern wieder ab und ordnen sie auf dem Holzstreifen nach Farben ein. – „Schaut euch eure Mitspieler an. Welche Farben haben ihre Kleidungsstücke?"	Auge-Handkoordinationsübungen* im grob- und feinmotorischen Bereich.
Aufgabe: „Wir befestigen rote Klammern an roten Kleidungsstücken, gelbe an gelben Kleidungstücken" usw. Klammern, die keinem Kleidungsstück zugeordnet werden können, werden am Schuhband festgeklammert. Nach Beendigung der Aufgabe wird kontrolliert, ob alles farblich stimmig zugeordnet wurde.	Farbwahrnehmung festigen, vergleichen, zuordnen, feinmotorisches Handlungsfeld schaffen, beidhändiges, feinmotorisches Handeln. Selbstkontrolle, Raumorientierung,
Aufgabe: Alle Klammern einsammeln und wieder auf den Holzstreifen befestigen.	Aufgabe über einen längeren Zeitraum in Verbindung mit einer Auge-Handkoordinationsübung* durchführen.

Kapitel 15

Schreibhilfen

Folgendes Kapitel aus dem Buch „Wenn das ‘O’ Ecken hat“ Hauke Stehn 2005.

Als „Schreibhilfen“ bezeichnen wir Spezialstifte und Stiftergänzungen, die u. a. ein verkrampftes Schreiben vermeiden helfen sollen.

Ein „normaler“ Bleistift misst ca. 8 mm im Durchmesser. Dieser geringe Durchmesser führt vor allem bei Kindern mit einer Muskeltonus-unterfunktion* oder mit schwachen Sehnen und Bändern zur einer verkrampften Stifthaltung. Je weiter wir beim Schreiben die Finger aus der Hand-mitte nehmen, um so mehr kann die Haltemotorik, vor allem die Muskeln der Unterarmmotorik, entlastet werden. Die Stifthaltemotorik sollte unter einer möglichst geringen Anfangsspannung stehen, um eine vorzeitige Ermüdung der für die Schreibbewegung zuständigen Muskeln zu verhindern.

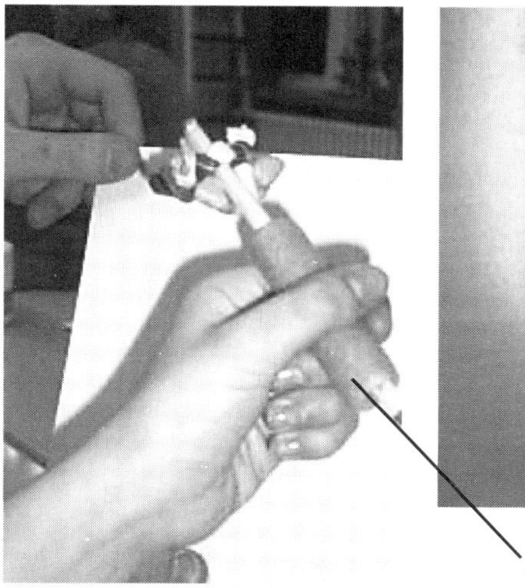

Abb. 1

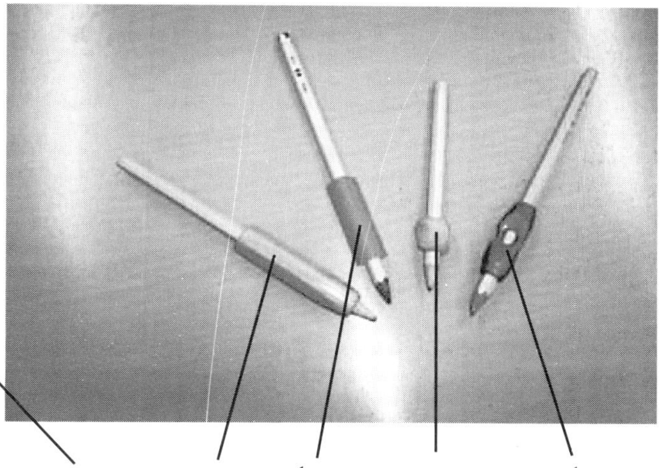

Abb. 2

Den Durchmesser eines Bleistiftes können wir durch verschiedene Schreibhilfen verändern (Abb. 2) z. B. bis zu 14 mm mit einem Birkenholzpencilgrip (a.), oder Pencil-Grip aus Kunststoff (b.), bis zu 16 mm mit einem Stetro (c.), als „Rutschbremse“ für die Finger der „Trigo“(d.) und zwischen 15-25 mm mit einer „Schreibwurst“(Abb.1, e – es handelt sich hier um eine PE- Schnur aus dem Baumarkt und dient als Fugenfüllmaterial).

Die unterschiedlichen Eigenschaften einer Schreibhilfe müssen wir auf die Bedürfnisse des Kindes abstimmen. So ist nicht jede Schreibhilfe für jedes Kind sinnvoll.

Der Pencilgrip ist auch als Dreikantschreibhilfe bekannt und kann entsprechend der Stiftdicke auf fast alle Stifte gesteckt werden. Er eignet sich nur für „Dreifingerschreiber“. Der „Trigo“ kann nur seinen Einsatz finden, wenn die Halteposition optimal automatisiert ist, was wir nur bei sehr wenigen Schreibern finden und wenn keine grundlegenden motorischen Auffälligkeiten bestehen, der Schreiber aber seine Finger zu dicht an die Schreibspitze setzt.

Wir müssen individuelle Voraussetzungen des Kindes berücksichtigen:

- Handgröße
- Fingerlänge
- Handöffnung, vor allem des Ring- und kleinen Fingers beim Malen oder Schreiben
- Fingerstellung zum Daumen
- Erstschreiber oder Schreiber mit Schreiberfahrungen
- muskuläre Voraussetzungen
- Schreib- oder Malalter.

Diese individuellen Voraussetzungen lassen sich nicht alle auf einen Stift übertragen, deshalb habe ich diesbezüglich nicht nur mit verschiedenen Stiften experimentiert, sondern schließlich eine Firma gefunden, die bei der Entwicklung eines veränderbaren Stiftes nach meinen Ideen behilflich war.

Stehn-Pen 1 – Step 1

Dieser Stift ist erst kürzlich auf den Markt gekommen. Die Griffzonen gibt es mit unterschiedlichen Formen und Durchmessern, in der Gewichtsverlagerung lässt er sich zum Ende hin verändern. Es gibt ihn als Bleistift und Tintenroller.

Der Stift trägt die Bezeichnung **„Stehn-Pen 1“** kurz **Step 1** (Abbildungen - Stehn-Pen 1).
Bei der Erprobung in der Testphase zeigte sich schnell, dass viele Kinder und Erwachsene mit dem variablen Stift nicht nur bessere Schreibflussergebnisse erzielten, sondern die Muskelanspannung in der Hand deutlich herabgesetzt werden konnte.
Die verschiedenen Ausführungen des Stiftes mit bis zu 18 Veränderungen im Grifffeld und in der Gewichtsbalance gestatten die individuelle Einstellung auf die Handgröße und wirken damit auffälligen Stifthaltungen entgegen.
Bezugsquelle: Kapitel 5

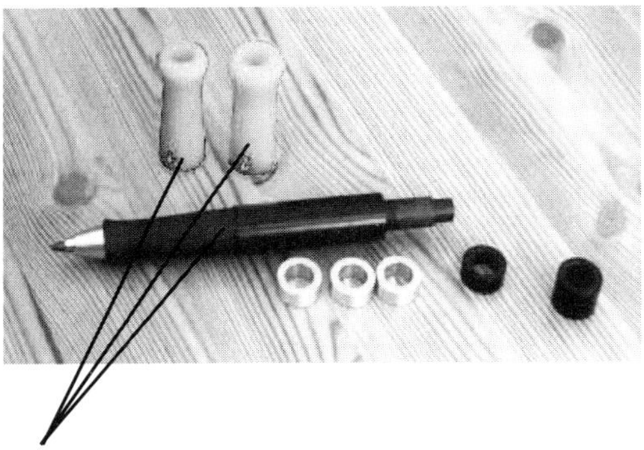

Griffflächen mit unterschiedlichen Durchmessern

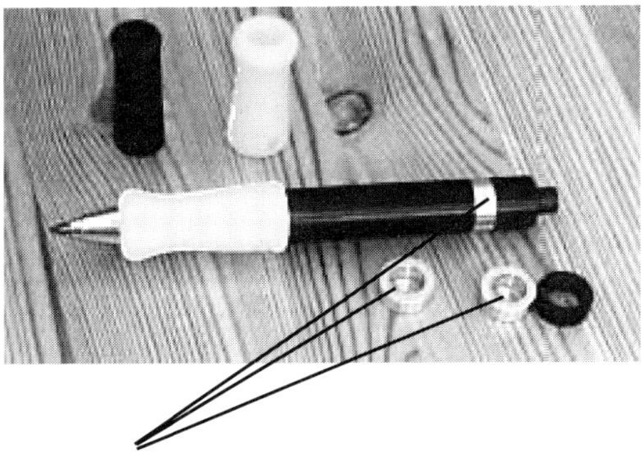

Gewichtsringe verändern den Schwerpunkt des Stiftes

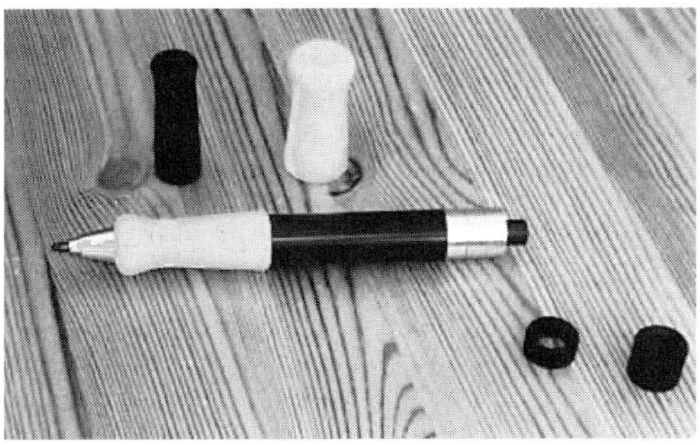

Drei Gewichtsringe und mittleres Grifffeld (16 mm an der schmalsten Stelle)

Ein Gewichtsring und mittleres Grifffeld

Handgröße und Fingerlänge
sind dann entscheidend, wenn ein Schreibball als Schreibhilfe eingesetzt werden soll. Eine zu große Handöffnung kann die Schreibbewegung behindern. Es werden dann meist der Ring- und kleine Finger weit aus der Handmitte genommen bzw. abgespreizt. Hier kann ein der Handgröße angepasster Schreibball helfen (Abb. 6 g.).

Gewichtsverlagerung des Stiftes zum Stiftende durch ein 10 g Klebegewicht

Der „Schreibball" wird mit dem Ring- und kleinen Finger gehalten (Pfeil), öffnet die „Schreibhand" und entlastet die Haltemotorik der Unterarmmuskulatur.

Ein Knautschtier, Ball oder weicher Gegenstand wird mit der anderen Hand gehalten. Die Hand verweilt auf dem Tisch, Fremdbewegungen werden reduziert.

Abb.3

Ein Schreibball wird auch dann verwendet, wenn der Ring- und kleine Finger zu kräftig in die Handinnenfläche gedrückt werden. Der zu hohe Kraftandruck führt dann häufig zum Krampf in der Unterarmmotorik. Der Schreibball wird nur mit dem Ring- und kleinen Finger gehalten, Daumen, Zeige- und Mittelfinger halten den Stift (Abb. 4 und 5).

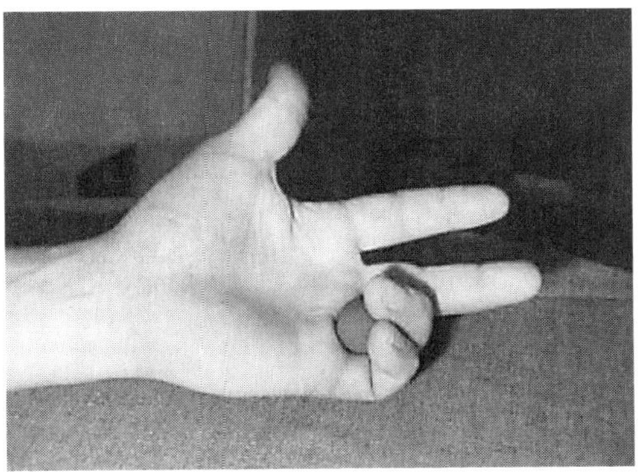

Abb. 4

Kleiner Ball mit dem Ring- und kleinen Finger gehalten

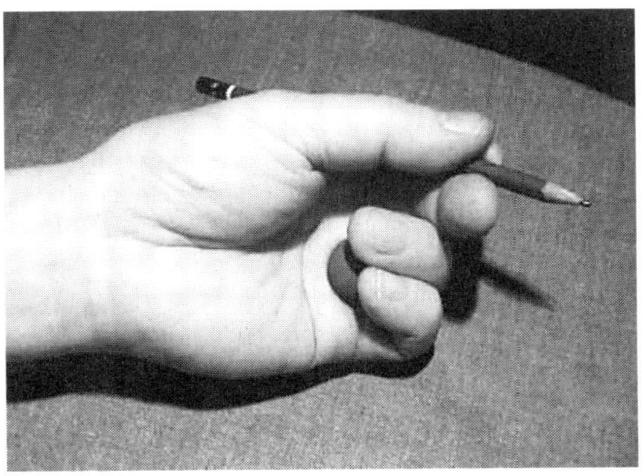

Abb. 5

Jetzt befindet sich der Stift in der „Dreifingerstifthaltung"

Zusätzlich kann jetzt auch noch eine Schreibhilfe auf den Stift gesteckt werden (Abb. 2). Der Schreibball und die Schreibhilfe beeinträchtigen **nicht** den Bewegungsablauf des Schreibens.

Der Einsatz eines Schreibballes ist auch dann sinnvoll, wenn das Erstschreiben bzw. Malen mit dem Stift erfolgen soll. Eine Mehrfingerhaltung bestehend aus vier oder sogar fünf Fingern wird dann ausgeschlossen.

Die Schreibkugel wird bei Schülern und Erwachsenen mit verschiedenen Formen der Parese* eingesetzt, um einer zu hohen, verkrampften (spastisch anmutenden) Muskelspannung entgegenzuwirken (Abb. 6).

Abb . 6

Ein Füller ist für Schreiber mit einem zu hohen Schreibandruck nicht immer das richtige Schreibwerkzeug. Die Schreibfeder hält einem zu hohen Andruck auf Dauer nicht stand und verweigert nach einiger Zeit ihren Dienst.

Es sollte alternativ zum Füller ein gutgängiger, nicht kratzender Tintenroller eingesetzt werden, z. B. der Tintenroller von „Tombow-Egg" oder der „Rotring – Skynn" -Tintenroller. Ein Füller oder Tintenroller sollte auf seine Einsetzbarkeit für Drei- oder Vierfingerschreiber überprüft werden. Vierfingerschreiber kommen in der Regel mit eingefügten Griffmulden oder Dreiflächenform nicht zurecht.

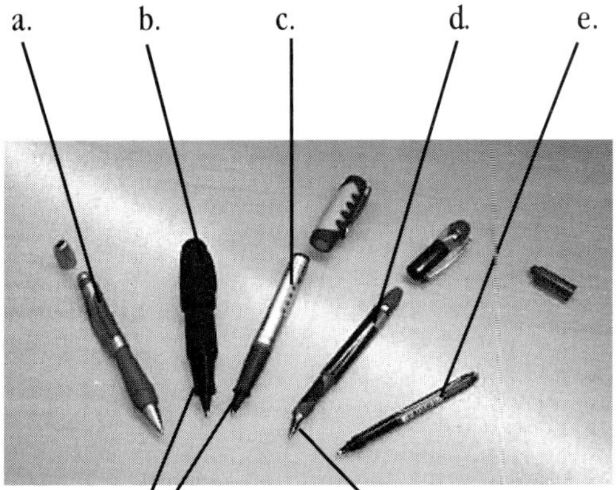

Abb. 7

eingearbeitete Kante, verhindert ein Abrutschen der Finger zur Stiftspitze

Neigungswinkel der Schreibspitze lässt sich verstellen

Folgendes zur Abbildung 7:

a. Der Tintenroller „Skynn" hat eine nachgebende Gelgrifffläche. Die Rollermine gibt bei zu hohem Schreibandruck nach und verschwindet im Stift. Der Stift kann mit der tintenkillerfähigen Mine „Q-Lever" bestückt werden, Durchmesser der rutschfesten Grifffläche bis 15 mm.

b. Der Tintenroller „Tombow Egg" ist 100 mm (+ Kappe 135mm) lang. Es ist ein leichtgängiger Tintenroller, wenn die Originalmine genutzt wird. Die Dreiflächengriffvorgabe erlaubt auch Vierfingerschreibern ein problemloses Schreiben. Die Grifffläche endet mit einer zur Spitze hin eingearbeiteten Kante und verhindert somit ein Abrutschen der Finger zur Stiftspitze (Pfeil), Durchmesser der Grifffläche 13 – 16 mm.

c. Der Tintenroller „Core-Rollerball" von Rotring lässt sich durch die Kappe am Stiftende gut beschweren, so dass der Stift dann eher zwischen dem Daumen und Zeigefinger liegt. Durchmesser der Grifffläche: 10 – 14 mm, wirkt sich nicht günstig auf eine Muskeltonussenkung aus. Ein zusätzlich aufgesteckter Pencil-Grip erhöht den Griffdurchmesser. Die Grifffläche endet mit einer zur Spitze hin eingearbeiteten Kante und verhindert somit ein Abrutschen der Finger zur

Stiftspitze (Pfeil). Der Stift kann mit der tintenkillerfähigen Mine „Q-Lever" bestückt werden.

d. Der Tintenroller „Q-Lever" hat eine rutschfeste Grifffläche und ist für Drei- und Vierfingerschreiber geeignet. Durch die aufgesteckte Kappe am Stiftende liegt der Stift besser zwischen Daumen und Zeigefinger. Der Neigungswinkel der Schreibspitze lässt sich verstellen, um vor allem einem zu flachen Schreiben entgegenzuwirken (Pfeil).

e. Der Tintenfaserstift „Inky" von Pelikan ist als Schreibstift vor allem für Kinder mit einer „Muskelhypotonie*" nicht zu empfehlen. Sein geringer Durchmesser (9 mm) führt zu einem vorzeitigen Verkrampfen der Schreibhand. Die glatte Grifffläche begünstigt ein Abrutschen der Finger zur Stiftspitze. Vorteil: es ist der einzige Tintenstift, der auch in den Kreidehalter eingespannt werden kann (Abb. 12).

Am Stift angebrachte Griffmulden oder Halteflächen sind bei einer Dreifingerstifthaltung sinnvoll. Eine breite Schreibfeder z. B. beim Füller oder eine breite Rollermine verteilen nicht nur besser den Kraftandruck sondern lassen eckige Bewegungsübergänge runder erscheinen. Dieses gilt vor allem für Kinder mit einem unregelmäßigen oder meist zu hohen Kraftandruck und einer bestehenden Dysdiadochokinese*.

Es sollte alternativ zum Füller ein Tintenroller eingesetzt werden. Beim Verwenden eines Tintenrollers ist unbedingt auf die Leichtgängigkeit der Schreibspitze zu achten. Eine kratzende Spitze wirkt sich negativ auf den Schreibfluss aus und fordert vom Schreiber einen höheren Kraftaufwand. Zu beachten beim Einsatz von Tintenschreibern (Füller oder Tintenroller) ist das Papier. Umweltpapier zeigt sich in der Regel als saugfähig. Eine Schreibfeder bleibt schon bei geringen Schreibpausen eher im Papier stecken und es läuft verstärkt Tinte aus. Der Text erscheint deutlich mit mehr oder weniger dunkleren Schriftzügen, zeitweise „gekleckst". Glattes Papier lässt die Schreibfeder besser über das Blatt gleiten, der Reibungswiderstand der Schreibmine und der damit verbundene Kraftaufwand sind geringer.
Durch den gezielten Einsatz von Schreibhilfen oder Stiften können malunwillige Kinder im Vorschulbereich an die „richtige" Schreibhaltung herangeführt werden. Bei diesen Kindern gilt es vorrangig das Interesse am Herstellen von Bildern zu wecken.
Meist sind es Verweigererkinder, die eine ausreichende Muskelspannung in der Unterarm-Fingermotorik nicht aufbauen oder die Gesamtmuskelspannung nicht auf die Sitzhaltung einstellen können. Entsprechend große Stifte, die im Klammergriff oder Faustgriff gehalten werden, erleichtern den Zugang zur großflächigen Malerei.

Hier eine kleine Auswahl verschiedener Malhilfen (Abb. 8).

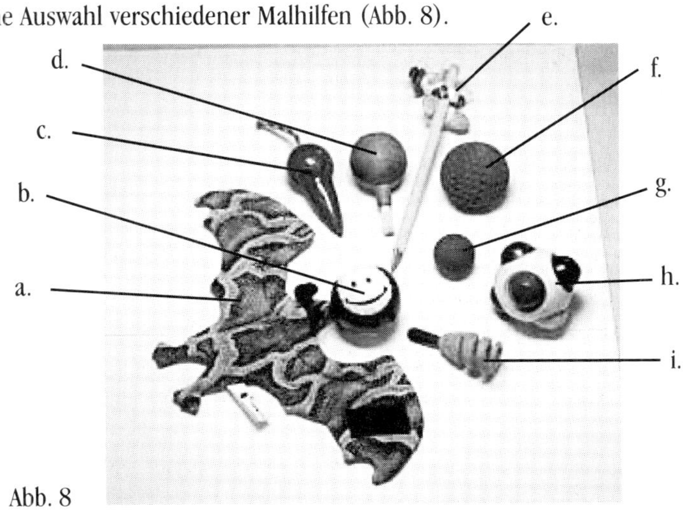

Abb. 8

a. Die „Fledermaus" mit Klettverschluss wird am Handgelenk des Schreibarmes befestigt, wenn der Unterarm beim Malen nicht auf den Tisch gelegt wird. Der Fledermauskörper ist mit Sand gefüllt.

b. Der „Knautschball" wird mit der „Passivhand" gehalten. Hiermit soll eine standardisierte Schreibhaltung angebahnt werden. Fremdbewegungen der Begleithand, die sich auch auf die Schreibhand übertragen könnten, werden unterbunden und der Bewegungsablauf des Malens und Schreibens wird ruhiger!

c. Die „Malmaus" von Pelikan, ein Wachsmalstift, eignet sich gut als Anfängermalstift zum flächigen Ausmalen. Der Stift begünstigt die Rotation im Handgelenk, schränkt jedoch die Fingerbewegung ein. Das verdickte Ende liegt in der Handinnenfläche, die Finger führen die Malspitze.

d. Die Kugel des „Stubber"-pinsels wird mit der Handinnenfläche gehalten. Die Finger führen die Malspitze wie bei der „Malmaus", doch werden die Fingerspitzen wesentlich enger zusammen geführt.

e. „Donald" (auch andere Figuren), wird auf das Stiftende gesteckt. Das Stiftende ist deutlich schwerer als die Spitze, so dass es zwischen Daumen und Zeigefinger liegt.

f. Der „Katzenspielball" kann auf Handgröße zugeschnitten werden. Der weiche Schaumstoff reduziert bestehende Fremdbewegungen des Ring- und kleinen Fingers.

g. Schreibball aus Hartschaum, hier ca. 2cm Durchmesser (auch Abb. 4/5).

h. Der „Colorball" ist ein Wachsmaler. Der Malball kann im Klammergriff gehalten werden, bevorzugt für Kinder, die keinen Stift in die Hand nehmen (können).

i. Der „Fingerpinsel" wird auf den Finger gesteckt. Wir können mit einem oder mehreren Pinseln gleichzeitig ein Tuschbild malen. Die isolierte Fingerbewegung kann spielerisch erlernt werden.

Ist das Interesse am Malen geweckt, können jetzt gezielt Stifte eingesetzt werden, um eine konstante Stifthaltung anzubahnen. Beim Einsatz von Anfänger-, Lern- oder Alltagsstiften sollte stets darauf geachtet werden, dass das Stiftende zwischen Daumen- und Zeigefingergelenk liegt (Abb. 9 a.). Einigen Kindern hilft der Hinweis „Der Stift ruht sich dort aus".

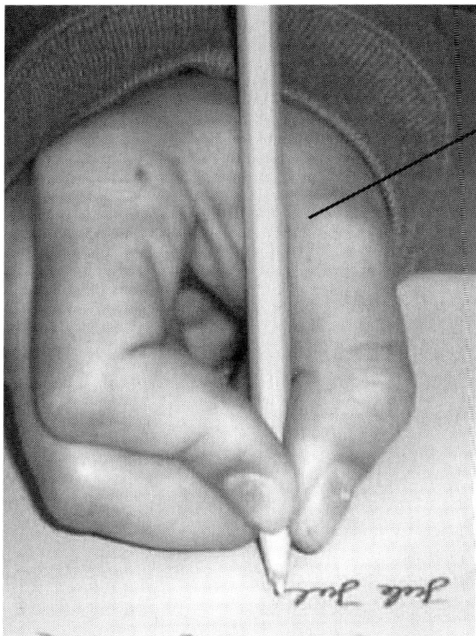

Abb. 9

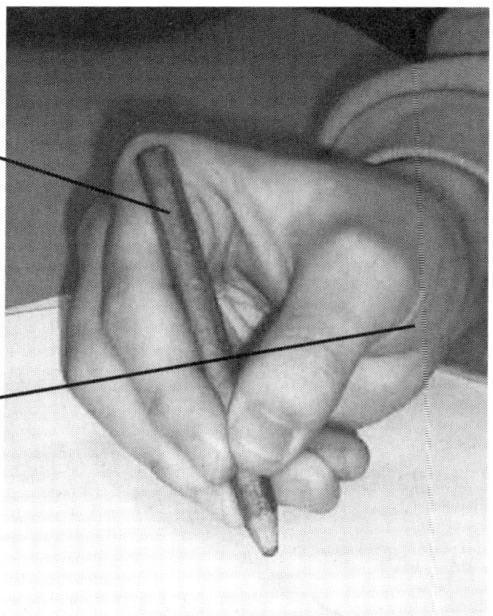

Abb.10

Wird der Stift mit dem Daumen gegen den Zeigefinger gedrückt (Abb. 10 b.), erhöht oder verkrampft der große Daumenmuskel (Abb. 10 c.). Um die Stiftlage in der Hand zu begünstigen, sollte der Stift am Ende beschwert werden (zwischen 10-15 g) oder ein Stift eingesetzt werden, der von vornherein am Stiftende wesentlich schwerer ist als an der Schreibspitze (z. B. der Stift „Big Grip" Abb. 11 e.). In Abb. 11 erkennen Sie Gewichte am Stiftende (Stift a. und b.). Es handelt sich bei den Gewichten um Auswuchtgewichte für Aluminiumfelgen. Die Gewichte erhalten Sie in jeder KfZ – Werkstatt.

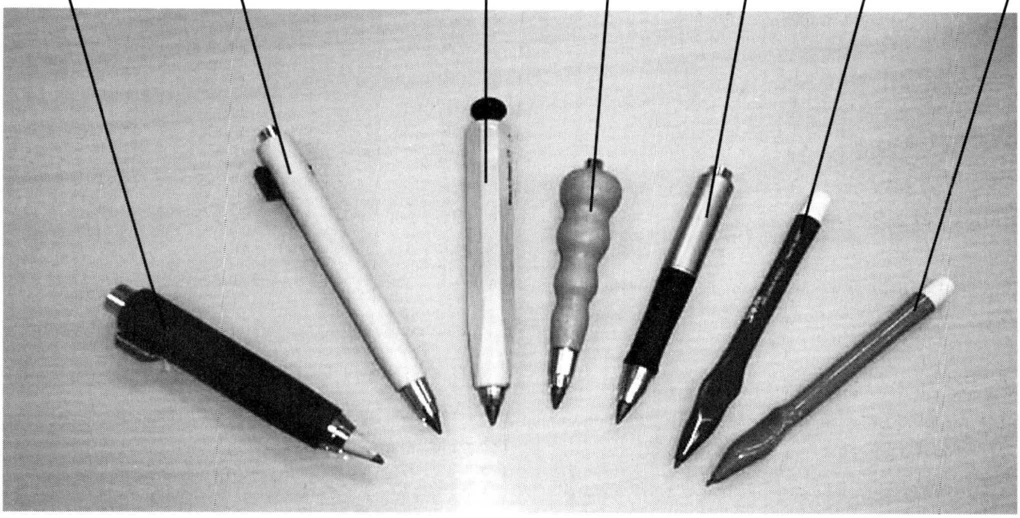

Abb. 11

Folgendes zur Abbildung 11:

a. Der „Kreidehalter" ist ein Universalstifthalter, in den verschiedene Stifte eingespannt werden können. Wahlweise sind diese Kreide oder Stifte mit einem Durchmesser von 8-10 mm z. B. Lyra-Bunt- und Bleistifte mit dem entsprechen Durchmesser oder „Inky"- Tintenschreiber (Abb. 12).

b. Minenstift aus Rundholz - Der (Bleistift-) Minenschreiber ist für „Vierfingerschreiber" geeignet. Nachteil: die Grifffläche ist nicht rutschfest. Der Stift kann zusätzlich mit einem „Pencil-Grip" bestückt werden und ist dann auch für „Dreifingerschreiber" geeignet.

c. „Penstift" – Der schwedische Designerstift eignet sich auch für große Hände mit einer „Dreifingerstifthaltung"

d. „Karotte" – Der (Bleistift-) Minenschreiber eignet sich für sehr kleine Hände (Vorschulbereich). Die erste Wölbung stützt das meist eingeknickte Zeigefingergelenk bei Kindern mit einer ausgeprägten Muskeltonusunterfunktion. Der Stift ist am Ende schwer.

e. „Big Grip" – Der (Bleistift-) Minenschreiber eignet sich für alle „Drei- oder Vierfingerschreiber" im Vorschul- und Schulbereich auch als Lernschreibstift. Der Stift wird bevorzugt von Kindern angenommen, bei denen der Stift zwischen Daumen und Zeigefinger ruht. Häufig zeigt sich eine höhere Schreibgeschwindigkeit im Vergleich zu herkömmlichen Stiften.

f. „Rechtshänderminenbleistift" (der Stift ist **nicht** für „Vierfingerschreiber" geeignet).

g. „Linkshänderminenbleistift" (der Stift ist **nicht** für „Vierfingerschreiber" geeignet).

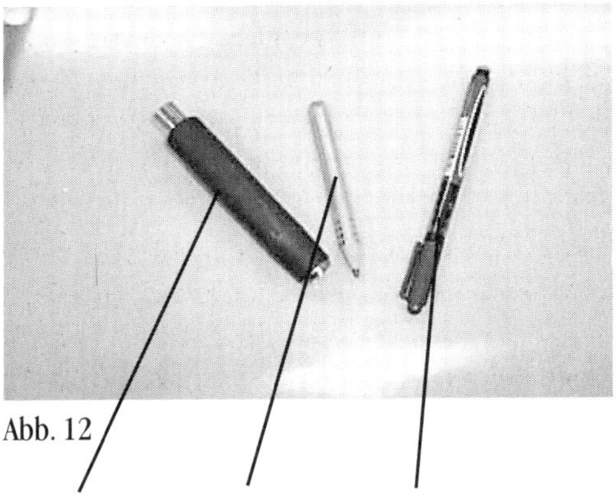

Abb. 12

Kreidehalter Dicky (Bleistift) Inky (Tintenfaserstift)

In den „Kreidehalter“ kann Kreide, ein Dicky oder ein Tintenfaserstift eingespannt werden.

Schwere Minenstifte unter Zuhilfenahme eines Schreibballes eignen sich bei vielen Kindern mit einer Muskelhypotonie.
Bei einer **ausgeprägten Hypotonie und besonders schwachen Sehnen und Bändern** der Haltemotorik sind zwar dicke Stifte von Vorteil, nur müssen diese dann besonders leicht sein. Die Kugel soll so gewählt werden, dass die Haltefinger (Ring- und kleiner Finger) leicht aus der Handmitte genommen werden. Diese Stifthaltung lässt sich so am besten stabilisieren.

Als weitere Schreibhilfen werden bei einer anzubahnenden korrekten Heftlage für Links- und Rechtshänder Schreibunterlagen eingesetzt (Abb. 13). Hierbei geht es in erster Linie darum, dass das Handgelenk in die Streckung geht und somit auch das visuelle Erfassen der Schreiblinien und das Verfolgen der Schreibmine besser ermöglicht werden.

Bezugsquelle: Kapitel 5.

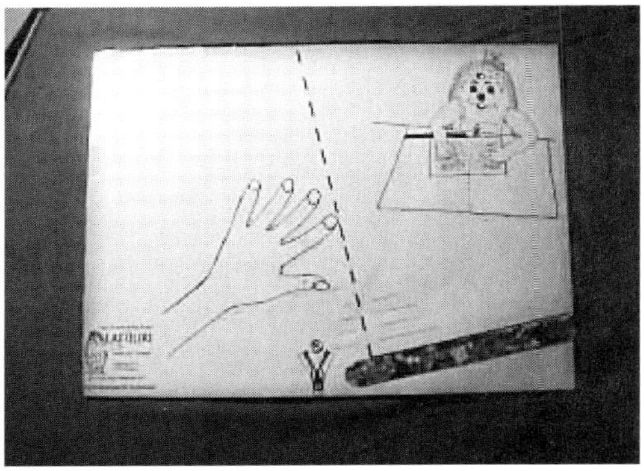

Rechtshänderunterlage Abb. 13

Kapitel 15.1

Der Computer als Schreibhilfe

An einigen Schulen Schleswig-Holsteins befindet sich für schreibauffällige SchülerInnen ein PC im Klassenraum. Die Hausaufgaben werden dann auch überwiegend am PC erledigt.
Weitere Infos oder die Anwendungsprogramme erhalten Sie über den VERIS Verlag.

Die Bewegung auf der Tastatur stellt bei weitem nicht so hohe koordinative Anforderung an die Unterarm-Fingermuskulatur wie die Handschrift. Die Schreibgeschwindigkeit ist nach häufigem Üben der Handschrift ebenbürtig, wenn nicht sogar überlegen.

Ganz wichtig!

„Die Wortbilder“ auf dem Bildschirm erscheinen stets in einer unveränderten Formkonstanz. Die sich ständig verändernden handgeschriebenen Wortbilder prägen sich nicht nur schlecht ein, sondern verunsichern (je nach Grad der Schreibauffälligkeit) den Schreiber bei der Korrektur seines eigenen Schreibtextes. Beim Schriftbilderwerb neuer Wörter wird dies noch deutlicher.
Die Fehlersuche ist nicht nur für den Schreibenden, sondern auch für den Lehrer einfacher, da die unkorrekten Wörter leichter auffallen.

Kapitel 15.2

Schreibhilfen für Linkshänder

(Zu Folgendem vergl. nach „Informationsblatt zum Schreiben mit der linken Hand" Frau Dr. Sattler/München.)

1. Allgemeine Hinweise

Methodische Hilfestellungen sind notwendig, da das linkshändige Kind von sich aus nur schwer eine unverkrampfte und lockere Schreibhaltung findet.

– Die lockere Schreibhaltung muss dem Kind vom ersten Tag des Schreibens an gezeigt werden (Kapitel 5, Kapitel 6, „Wenn das ‘O’ Ecken hat", Hauke Stehn)

– Die Schreibhaltung sollte in der Schule und von den Eltern (bei den Hausaufgaben) ständig überwacht werden, insbesondere in den ersten drei bis vier Monaten nach Beginn des Schreiblehrganges.

– Lehrer/innen und Eltern müssen sich vorher über linkshändige Schreibhaltungen informieren.

– Die Schreibhand darf nicht gewechselt werden, da sonst schreibmotorische Muster im Gehirn verzögert und gestört aufgebaut werden.

– Das linkshändige Schreiben muss psychologisch vorbereitet und Befürchtungen der Eltern können so ausgeräumt werden. Das Kind soll nicht den Eindruck erhalten, dass es wegen seiner Linkshändigkeit ein Sorgenkind ist. Linkshändigkeit ist ein natürliches Phänomen, eine Überbetonung und übertriebene Fürsorglichkeit führt fast immer zu einer Gegenreaktion bei Mitschülern und Geschwistern.

– Werkzeuge sind u. a.: weiche Blei- und Buntstifte, Linkshänderscheren und -spitzer, Linkshänderfüller und je nach motorischer Voraussetzung oder Stifthaltung auch Tintenroller (Kapitel 5 u.8, „Wenn das ‘O’ Ecken hat", Hauke Stehn). Für manche Schüler sind **Linkshänderlineale ungeeignet.**

– Ein Kind, das spontan mit der linken Hand zu malen und schreiben beginnt, darf auf keinen Fall zum Schreiben mit der rechten Hand angehalten werden. Bei Kindern, die häufig die Schreibhand wechseln, muss ein auf Händigkeit spezialisierter Fachmann z. B. Feinmotorik-, Linkshänder- oder Ergotherapeut, Kinder- und Jugendpsychologe die Händigkeit feststellen.

– Linkshändige Kinder neigen dazu, sich von allein auf die rechte Hand umzuschulen (Modellverhalten). Das geschieht besonders dann, wenn sie wegen ihrer Linkshändigkeit von Mitschülern verspottet werden oder wenn sie schon im Kindergarten deswegen ihrer Meinung nach negativ aufgefallen sind, aber auch, wenn sie durch mangelnde methodische Hilfen die Schwierigkeiten beim Schreiben nicht überwinden können.

2. Schreibhaltung

Lage des Heftes (auch Kapitel 6, „Wenn das ‘O’ Ecken hat", Hauke Stehn.)

– Die Heftseite, die beschrieben wird, liegt links zur Mittelachse des Körpers, weder der Kopf noch der Körper weichen beim Schreiben ab.

Lage der linken Hand

– Die linke Hand stützt sich auf die Handkante und die seitliche Fläche des kleinen Fingers, Handrücken und Unterarm bilden einen stumpfen Winkel.

Lage der rechten Hand

– Die rechte Hand hält das Heft am rechten Blattrand, anfangs möglichst etwas über Höhe der gerade beschrifteten Zeile.

Heftlage (Kapitel 6, „Wenn das 'O' Ecken hat", Hauke Stehn)

Stifthaltung (Kapitel 5, „Wenn das 'O' Ecken hat", Hauke Stehn)

3. Spiegelschrift, eine normale Anfangserscheinung

Zu beobachten sind:
- einzelne Buchstaben in Spiegelschrift
- Wörter in Spiegelschrift
- Vertauschen von Buchstaben/Silben: z. B. oben – enob, ebon
- Beginn des Lesens in der oberen rechten Ecke
- Schreibrichtung von rechts nach links in Spiegelschrift:
  Spiegelschrift, und Verdrehungen von Buchstaben verschwinden gewöhnlich im Verlauf des 1. Schuljahres von alleine, bei längerem Anhalten sollte ein Fachmann, z. B. ein Schulpsychologe, zu Rate gezogen werden.
- Vertauschen und Verdrehungen von Buchstaben und Zahlen kommen selten und meist weit weniger ausgeprägt auch bei rechtshändigen Kindern vor und sind häufig ein Signal für psychologische Störungen, die nichts mit der Händigkeit zu tun haben.

4. Sitzordnung
- Der Linkshänder darf links von sich keinen rechtshändigen Nachbarn haben.

5. Lichteinfall
- Der Arbeitsplatz sollten von rechts oder von vorne beleuchtet werden.

6. Sitzhaltung (s. Kapitel 15.4)
- Die Sitzhaltung beim Schreiben gleicht der des Rechtshänders.

7. Schreibhefte in der 1. Klasse
- Einige Lehrer/Lehrerinnen verwenden in der 1. Klasse Schreiblernhefte, in denen links zu Beginn der Zeile Buchstaben oder Wörter vorgegeben sind, welche das Kind mehrmals in der Zeile nachschreiben soll. Hierbei verdeckt sich der Linkshänder auch bei günstiger Heftlage und Schreibhaltung die Vorlage. Daher wäre es ratsam, auch am rechten Zeilenende Buchstaben oder Wörter als Muster vorzuschreiben (entsprechende Erstschreiberhefte für Linkshänder gibt es von Bezugsquelle: Kapitel 5), ein Pfeil oder Punkt links ist wichtig, um den richtigen Zeilenumfang zu kennzeichnen (Kapitel 7, „Wenn das 'O' Ecken hat", Hauke Stehn).

8. Schreibtempo und Schriftbild

- Grundsätzlich gilt, dass linkshändige Kinder genauso schön oder hässlich, genauso schnell oder langsam schreiben wie rechtshändige Kinder.

- Linkshändige Kinder, die ausgesprochen langsamer als ihre Klassenkameraden schreiben, haben häufig feinmotorische Probleme, die unabhängig von der Händigkeit zu sehen sind.

- Eine Schriftneigung nach rechts ist für linkshändige Kinder oft nicht durchzuführen. Im Sinne der Individualmotorik linkshändiger Kinder muss man die Rechtshänderschrägschrift (Neigung der Buchstaben zur rechten Seite) verlassen. Selbst bei einer günstigen Heftlage, Stift- und Sitzhaltung wird die Schriftneigung eher steil bis leicht linksgeneigt sein.

Im Lehrplan für Grundschulen in Bayern (2000) wird darauf hingewiesen, dass „Linkshänder... nicht zum bevorzugten Gebrauch ihrer nicht dominanten Hand angehalten werden" dürfen. „Die angeborene Händigkeit darf nicht umgeschult werden."

Literatur zur Linkshändigkeit unter Literaturverzeichnis.

Kapitel 15.3

Heftlage

(auch in „Wenn das 'O' Ecken hat" Hauke Stehn 2005, Kapitel 10)

Je deutlicher die Hand beim Malen oder Schreiben nach innen oder außen abgewinkelt wird, um so höher ist die Muskelspannung im Unterarm. Kinder mit einer zu geringen Grundspannung im Muskeltonus gehen bei einer eingedrehten Hand früher in den Schreibkrampf. Wir erkennen dieses, wenn das Stiftende des Schreibenden nicht in Richtung Schulter zeigt.

Eine Veränderung der Heftlage führt zu einer veränderten Stellung des Unterarmes und der Hand und soll ein Ein- oder Auswinkeln des Handgelenkes verhindern. Wir können es wie folgt beschreiben:

„Der Unterarm und der Handrücken bilden beim Schreiben eine gerade Linie"
oder
„Der Handrücken befindet sich in gerader Flucht zum Unterarm!"

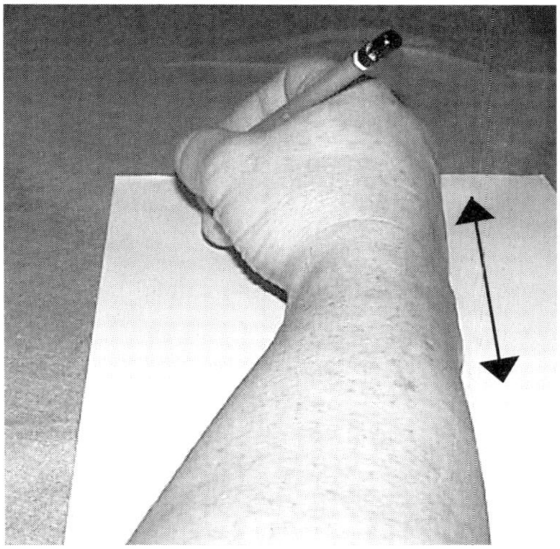

Richtig!

Nicht günstig !
Das Ein- oder Ausdrehen des Handgelenkes führt zu einer erhöhten Muskelspannung in der Unterarmmuskulatur und schränkt die Rotationsbewegung ein.

Falsch!

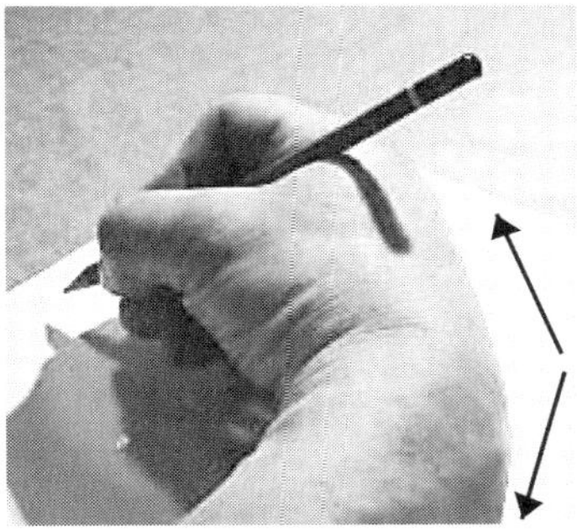

Falsch!

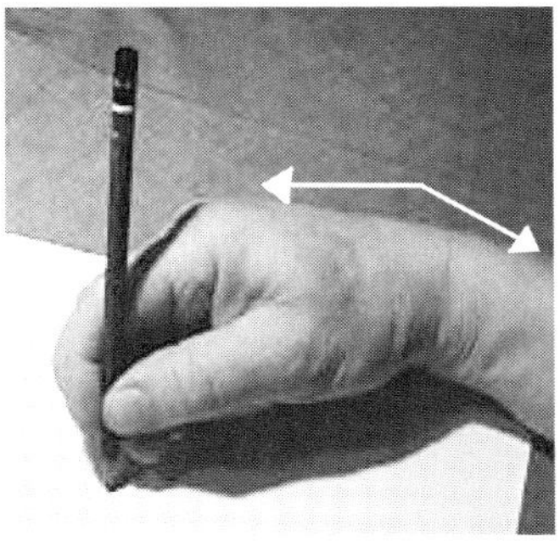

Falsch!

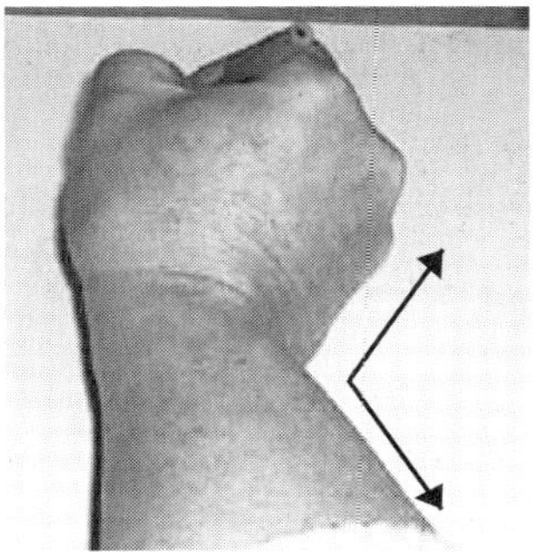

Als Faustregel gilt:

1. **Ca. 30° Schräglage des Heftes zur rechten Seite für Rechtshänder bzw. 30° Schräglage zur linken Seite für Linkshänder begünstigt eine entspannte Haltemotorik, vorrausgesetzt, die Stiftmitte liegt beim Halten des Stiftes zwischen dem ersten Daumen- und Zeigefingergelenk.**
2. **Das Stiftende sollte ungefähr in Richtung Schulter oder Handgelenk zeigen** (gilt für Links- und Rechtshänder zur jeweiligen Schreibseite).
3. Die **Heftlage** bezieht sich stets auf die **korrekte Sitzhaltung.** Eine Links- oder Rechtsdrehung des Körpers zum Tisch hat auch eine veränderte Heftlage zur Folge.

4. Bei einer korrekten Sitzhaltung liegt der Schreibarm zu 2/3 auf dem Tisch. Der Ellenbogen, oder ca. 1/3 des Unterarmes schaut über die Tischkante. Die freie Hand liegt auf dem Tisch und hält das Schreibheft fest.

Rechtshänderschreibhaltung:
Heftlage ca. 30° zur rechten Seite!

Linkshänderschreibhaltung:
Heftlage ca. 30° zur linken Seite!

Kapitel 15.4

Arbeitsplatz

Sieben Punkte müssen für das richtige Sitzen beachtet werden (zu Folgendem vergl. www.fitform.net)

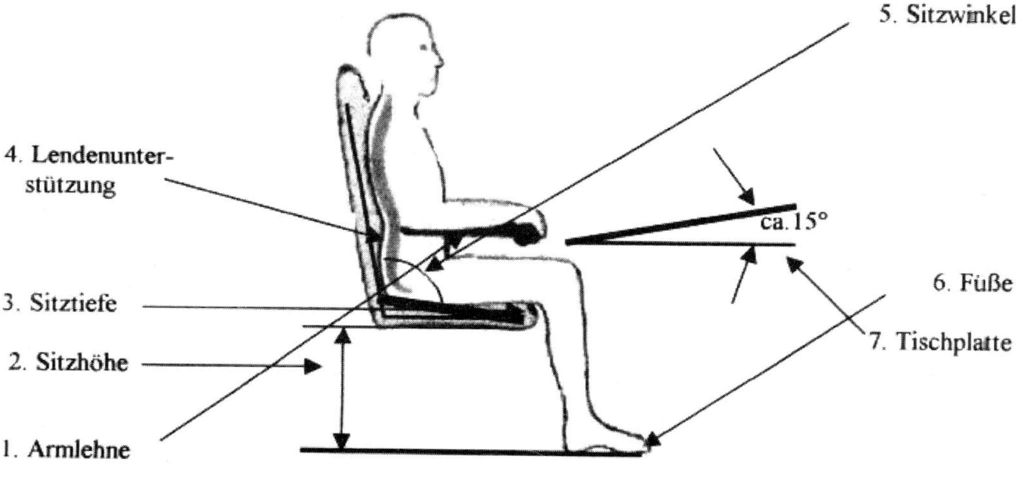

1. Die richtige Höhe der Armlehnen

Die Arme machen 10% des gesamten Körpergewichts aus. Um sich richtig entspannen zu können, sind die Arme zu unterstützen.

Bei Armlehnen in richtiger Höhe sind die Schultern gerade und die Arme ruhen in einem Winkel von 90 Grad auf den Armlehnen.

Wenn die Armlehnen zu niedrig sind, sinkt man automatisch zurück, um sich abzustützen, so dass dies immer einen gewölbten Rücken erzeugt. Auch passiert es häufig, dass man sich auf einer Armlehne abstützt, was einen schiefen Sitz zur Folge hat. Zu hohe Armlehnen, die die Schultern in übertriebener Weise hochziehen, können Krämpfe im Hals- und Nackenbereich verursachen.

2. Die richtige Sitzhöhe/Stuhlhöhe

Die Füße sollen flach auf dem Boden stehen. Die richtige Sitzhöhe erreicht man, wenn die Beine in einem Winkel von ca. 95° (nicht kleiner) im Knie abknicken. Ein zu hoher Sitz führt immer dazu, dass man sich zurücksinken lässt, um die Füße am Boden absetzen zu können.

Darüber hinaus klemmt eine zu hohe Sitzfläche die Beinnerven ein, was zu „einschlafenden" Beinen führt. Bei einer zu niedrigen Sitzfläche rundet der Rücken sich automatisch. Sie können dies selbst beim Hinsetzen überprüfen, indem Sie ein Knie anziehen. Sie spüren dann, wie Ihr Rücken sich automatisch krümmt.

Eine zu niedrige Sitzfläche kann auch eine Einklemmung des Darmes verursachen (Völlegefühl, schlechter Stuhlgang).

3. Die richtige Sitztiefe

Achten Sie darauf, dass Ihr Körper an der unteren Seite der Rückenlehne des Sessels anliegt. Die richtige Sitztiefe ist erreicht, wenn sich eine flache Hand zwischen die Innenseite der Kniekehle und der Sitzfläche einschieben lässt.

Zeitgenössische Couchgarnituren sind für die meisten Menschen zu tief. Heutzutage werden diese meist mit einer Sitztiefe von 53/54 cm hergestellt. Eine zu tiefe Sitzfläche führt stets dazu, dass man im Sitzen zurücksinkt, was einen gekrümmten Rücken zur Folge hat, der das Aufstehen wesentlich erschwert.

4. Die richtige Lendenunterstützung

Die Lendenstütze muss in der richtigen Höhe und Tiefe eingestellt werden können, um die körpereigene Lendenausgestaltung unterstützen zu können.

Beim Sitzen wird vor allem der Lendenwirbelbereich stark belastet. Eben diese Belastung ist es, auf die 70 - 80% der Rückenbeschwerden zurückzuführen sind. Weil die Rumpflänge und die Krümmung der Wirbelsäule von Person zu Person stark verschieden sind, sind sowohl die Höhe so wie die Tiefe der Lendenstütze möglichst optimal einzustellen.
Als Hilfe kann ein „Lordosekissen" (s. Abb. 2) auch in der Schule dienen.

5. Der richtige Sitzwinkel

Der richtige Sitzwinkel stellt einen festen Wert zwischen 95 und 105 Grad dar. Bei einem schrägeren Sitz sinkt man automatisch zurück. Bei einer leichten Schrägung der Oberschenkel zum Knie hin werden die Füße stärker be- und die Lendenwirbelsäule entlastet.
Der richtige Sitzwinkel ist von größter Wichtigkeit. Bei einem zu großen Winkel zwischen

Rückenlehne und Sitzfläche treten Abschubkräfte auf, durch die man im Sitz zurücksinkt und nicht mehr optimal unterstützt wird. Eine um 3° abgesenkte Sitzfläche in Richtung Knie entlastet die Lendenwirbelsäule erheblich. Beim festen Aufsetzen der Füße auf den Boden erfährt der Körper eine feste und ruhige Sitzposition (Keilkissen auf waagerechter Sitzfläche).

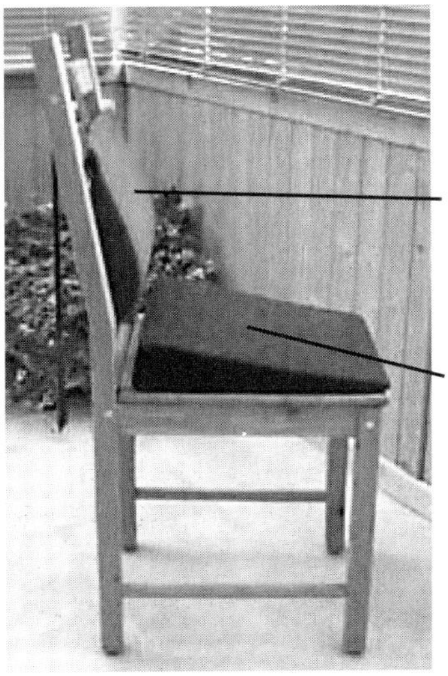

Abb. 2

6. Die Füße stehen fest auf dem Boden

Zappelnde Füße und sich ständig in Bewegung befindliche Beine beeinträchtigen die Schreibbewegung durch zeitweise überschießende Bewegungsimpulse. Die Strichführung leidet!
Die Füße sollen fest auf dem Boden stehen und sind damit „geerdet“, nicht „abgehoben“. Fremdbewegungen, die sich auf den gesamten Körper und die handlungsführende Hand übertragen, werden vermieden.

7. Tischplatte

Der Ellenbogen sollte beim Sitzen am Tisch mit diesem auf gleicher Höhe sein. Die Platte sollte ca. 15° geneigt sein. Eine kleine abgerundete Flachleiste oder weiche Moosgummikante verhindert das Abrutschen der Hefte oder Bücher. Die 15° Neigung entspricht etwa einem auf den Tisch gelegten Büroordner.

Bei allen Fehlhaltungen des Schreibens wird eines deutlich: die Muskelspannung in der Rumpfmuskulatur ist meist zu schwach. Häufig kommt es dann zu Veränderungen der Sitzposition, wenn die belasteten Muskelgruppen ermüden. Die veränderte Sitzhaltung wirkt sich auf das Gesichtsfeldfeld oder den visuellen Wahrnehmungswinkel und somit auf die Augenmuskelspannung aus.

Die veränderte Augenmuskelspannung kann wiederum zu einer vorzeitigen Ermüdung verschiedener Augenmuskelgruppen führen. Entsprechende Ergebnisse finden sich dann wieder in der Schreibmotorik durch unterbrochene Schriftführung im Fließtext.

Der Schreiber sollte derart seinen Stuhl und Tisch positionieren, dass der Lichteinfall auf das Schreibheft für einen Rechtshänder von der linken und für den Linkshänder von der rechten Seite kommt.

Die Tischhöhe entscheidet darüber, ob wir eine entspannte Nacken- und Schultermuskulatur haben.
Ein zu niedrig eingestellter Tisch verleitet viele Schreiber dazu, den Oberkörper am Tisch zu fixieren und den Kopf in eine zu starke Vorlage zu bringen. Dies verursacht ein Abwinkeln der Halswirbelsäule. Eine zu deutliche Vorlage des Kopfes über einen längeren Zeitraum führt zur erhöhten Muskelanspannung in der Hals- und Nackenmuskulatur und schließlich zur muskulären Verspannung in diesen Bereichen.
Eine bis zu 15° schräge Tischplatte, hilft den Blickwinkel zu verändern und die Kopfstellung in eine bessere Ausrichtung zu bringen. Der Druck des Schreibarmes auf den Tisch wird ebenfalls verringert. Im Einzelnen sollten Sie mit einem schreibauffälligen Kind verschiedene Sitzpositionen, Stühle und Tische beim Schreiben erproben.

Bei Kindern mit einer festgestellten Muskelhypotonie* sollten unbedingt Schreibhefte in DIN-A5 oder DIN-A4 Querformate genutzt werden. DIN-A4 Hochkantformate zwingen die Schreiber in eine Oberkörpervorlage, wenn mit der Schreibarbeit begonnen wird. Die Armauflage wird dadurch erhöht und die Last des Oberkörpers liegt auf dem Schreibarm. Die „Faustregeln“ der Heftlage (Kapitel 15.3.) können im DIN- A 4 Hochformat meist nicht mehr eingehalten werden.

Eine sinnvoll ergänzende Maßnahme die Sitzhaltung zu verbessern, ist der Aufbau der Rumpfmuskulatur. Hier ist eine krankengymnastische Hilfestellung oder Behandlung nötig.
Sport, insbesondere Gymnastik, Schwimmen und heiltherapeutisches Reiten sind ebenfalls hilfreich und unterstützen Bewegungsformen, die sich positiv auf die Sitzhaltung auswirken können.

Kapitel 16

Wo finden Sie Hilfe für schreibauffällige Kinder?

Die „Praxis für Feinmotorik“ ist die erste Beratungspraxis für schreibauffällige Kinder in Deutschland. Weitere Praxen werden durch ausgebildete

„Feinmotoriktherapeuten
nach Hauke Stehn“

im Bundesgebiet folgen.

Unter der Homepage
www.feinmotoriktherapie.de
finden Sie in Ihrer Nähe eine Feinmotoriktherapeutenpraxis.

Beratung und Untersuchung :
„Praxis für Feinmotorik- Stehn“
Hauptstr. 30,
24251 Osdorf /b. Kiel
Rufen Sie uns an unter
Tel. 04346 - 410 968 Fax 04346 410 969
e-mail : praxis.feinmotorik@kielnet.net

Bei Bedarf werden in mehreren Beratungen schreibauffällige Kinder in Ihrem Wohnort überprüft.
Zu diesem Thema führt die Praxis auch Informationsveranstaltungen und Seminare durch.

Eine Überprüfung beinhaltet:

1. Grafomotorische Schriftbilddiagnostik* (an Hand des Schriftbildes können motorische Defizite erkannt werden).
2. Linkshänderüberprüfung.
3. Überprüfung automatisierter Bewegungen der Grob- und Feinmotorik (Diadochokinese*).
4. Überprüfung der Unwillkürmotorik*.
5. Überprüfung der visuellen Fixierungsfunktionen*.
6. Überprüfung der Augenbeweglichkeit.
7. Überprüfung der visuomotorischen Funktionen*.
8. Überprüfung der Figur-Grundwahrnehmung*.
9. Stifthaltungsdiagnostik und die damit verbundenen Schreib- und Stifthilfen.
10. Sitzhaltungsdiagnostik.

Bei einer deutlichen motorischen Schreibauffälligkeit kann z. B. eine **Schriftbildbenotungsbefreiung** oder ein Gutachten für die Schule erstellt werden.

Die **„Praxis für Feinmotorik - Stehn“** beschäftigt sich speziell mit der Diagnostik und Therapie schreibauffälliger Kinder und bildet seit 2004 **„Feinmotoriktherapeuten“** aus.

Feinmotoriktherapeuten übernehmen die oben aufgeführten diagnostischen und therapeutischen Aufgaben in einer eigenen Praxis oder in Schule und Kindergarten.
Interessenten mit pädagogischer und/oder therapeutischer Berufsausbildung können sich für eine Ausbildung zum Feinmotoriktherapeuten an die „Praxis für Feinmotorik – Stehn” wenden.

Kapitel 17
Begriffserklärungen

Antizipation (visuell)
Vorwegnahme, z. B. einen fliegenden Ball visuell erfassen (die Flugbahn vorwegnehmen), die Körperbewegung darauf einstellen und mit Fanghaltung reagieren.

Augenmobilität
Fähigkeit der Augen, bewegte Gegenstände im Raum zu fixieren, die Augen in alle Richtungen bewegen können.

Auge-Handkoordination
Wechselseitiges Abstimmen der Hand- und Augenbewegung. Die Augen übernehmen die Kontrollfunktion.

Athetose – Unwillkürliche Bewegungen
Bewegungsüberschuss, die Muskelspannung wechselt unkontrolliert. Einseitige Athetose (= Hemiathetose) oder beidseitige Störung des extrapyramidalen Systems (EPS), u. zwar als Haltungs-, Tonus- u. Bewegungsstörung. Äußert sich in unwillkürlichen, langsamen, geschraubt-wurmförmigen (»athetotischen«) Spreiz-, Streck- u. Beugebewegungen bes. der Hände, Finger u. Füße. Die Hyperkinesen sind vielfach mit Muskeltonusstörungen (Dystonie) des Rumpfes kombiniert.
In Ruhestellung eher niedriger Muskeltonus.

Asymmetrisch tonischer Nackenreflex (ATNR)
Dreht das Baby den Kopf nach rechts, streckt sich der rechte Arm, der linke Arm beugt sich. Bei Drehung des Kopfes nach links streckt sich der linke und der rechte Arm beugt sich (Fechterhaltung). Dieser frühkindliche Reflex wird als ATNR bezeichnet (asymmetrisch tonischer Nackenreflex).
Durch den ATNR werden im Mutterleib spezifische Bewegungen ermöglicht (Tritte und Stöße). Er entwickelt den Muskeltonus und regt das Gleichgewichtssystem über die vestibuläre Stimulation an. Er hat eine wichtige Aufgabe im Geburtsprozess. Im zweiten Stadium der Wehen schraubt sich das Baby im Rhythmus der Wehen durch den Geburtskanal nach unten. Die optimale Beteiligung des Babies hängt von einem vollständig entwickelten ATNR ab, der durch den Massageeffekt der Wehen aktiviert wird. Er gewährleistet nach der Geburt, dass die Luftröhre frei zum Atmen ist, wenn das Kind auf dem Bauch liegt. Der ATNR trainiert und verstärkt den Streckmuskeltonus. Dabei wird jeweils eine Körperseite unterstützt. Er bildet die Grundlage für spätere gezielte Greif- und Streckbewegungen. Dieser Reflex baut sich in der frühkindlichen Entwicklungsphase ab. Bleibt er bestehen, spricht man von einem „persistierenden Reflex".

Ataxie (Ataktisch)
Das Zusammenwirken von Muskelgruppen äußert sich z. B. in ausfahrenden, in ihrem Kraftaufwand nicht zweckentsprechenden Bewegungen.
Wir beobachten Störungen von Bewegungsabläufen und Auftreten unzweckmäßiger Bewegungen. Als Gangataxie bezeichnen wir ein deutlich arhythmisches Gangbild.

Chorea-/Choreiforme-/Choreathetoide-/ Choreaathetotische Bewegungen Unwillkürliche Bewegungen
Diese Bewegungsformen treten als kleine, ruckartige und unregelmäßige Bewegungsimpulse insbesondere in den Extremitäten auf. Die Bewegungen werden auch als Hyperkinesen bezeichnet oder als unwillkürliche arhythmische, schnelle Muskelkontraktionen und können in fast allen Körperregionen beobachtet werden.
Die Choreabewegungen überlagern die Willkürmotorik der Hand-Finger-Schultermuskulatur. Die oben angeführte unterschiedliche Begriffsbestimmung beschreibt das verschiedene Auftreten und die Intensität dieser Bewegungsstörung. Klassische Form der Choreaathetose: die Patienten zeigen schon früh, meist um das 3. oder 4. Lebensjahr, in aller Regel aber vor dem 8. Lebensjahr, erste Symptome wie Gang- und Hal-

tungsunsicherheit. Dystone Bewegungsstörungen (zuerst an Kopf und Extremitäten, später auch am Rumpf), Muskelrigidität (Tonusvermehrung der Muskulatur) oder Choreaathetose kommen meist hinzu. Auch Bilder mit Spastik und Hyperreflexie (gesteigerte Erregbarkeit der Reflexe) und Pyramidenbahnzeichen werden beschrieben. Im Verlauf kommt es zu dysarthrischen (Störungen der Laut- und Sprachgebung) Veränderungen. Ein Teil der Kinder zeigt einen Abbau geistiger Fähigkeiten. In der Regel kommt es im Laufe von 10 bis 15 Jahren zum Verlust der Gehfähigkeit.

Diadochokinese
Schnelle Wiederholung von Bewegungen bzw. Bewegungsabläufen.

Dysdiadochokinese
Unfähigkeit, rasch (ab)wechselnde Willkürbewegungen rhythmisch schnell u. koordiniert durchzuführen;
v.a. bei Kleinhirnerkrankungen.

Dyskinese
Nicht funktionierende, koordinierte Bewegungen der Gesamtmotorik, Körpermotorik, Feinmotorik, Mundmotorik (Dysarthrie).

Feinmotorik
Beschreibt die Gesamtheit der Bewegungsabläufe der Hand- Fingerkoordination, aber auch Fuß- Zehen-, Gesichts-, Zungen- und Mundmotorik.

Figur-Grundwahrnehmung
Die Gegenstände, auf die wir unsere Aufmerksamkeit richten, sind klar zu erkennen.
Unser Gehirn ist so ausgerichtet, dass es aus der Vielzahl von einströmenden Reizen eine begrenzte Zahl auswählt, egal ob auditiv, visuell oder taktil, um eine Figur zu erkennen.
Das visuelle Feld bei der Figur-Grundwahrnehmung ist die Wahrnehmung der Figur, also der hervorstechende fixierte Gegenstand vor dem weniger wichtigen, unaufdringlichen Hintergrund.

Fixierungsschwäche
Die Augen betreffend: ein Gegenstand kann visuell nicht oder nur kurzzeitig erfasst werden.

Funktionaloptometristen
Die Funktionaloptometrie ist eine Wissenschaft, die sich mit der Sinneswahrnehmung des Sehens beschäftigt. Sie ist ein spezielles Teilgebiet der Augenoptik (Optometrie).

Grafologie/Graphologie
Die Lehre von der Deutung der Handschrift als Ausdruck des Charakters.

Grafomotorik/Graphomotorik
Die Schreibbewegung betreffend, beschreibt die handmotorische Leistung bei der Schriftproduktion.

Grafomotorische/Graphomotorische Schriftbilddiagnostik
Feinmotorische- und wahrnehmungsbedingte Schwierigkeiten der Motorik werden aus dem Schriftbild abgeleitet bzw. gedeutet.

Hypotonus
Herabgesetzte Muskelspannung

Hyperkinese
Übermäßige Bewegungsaktivität, unwillkürliche, von normalen motorischen Aktionen abweichende und die Willkürmotorik störende Bewegungen.

Intentionstremor-Unwillkürmotoriken
Grobes Zittern beim Ansetzen einer willkürlichen Bewegung und Zunahme des Zitterns gegen Ende (beim Abbremsen) der Bewegung.

Körperschema
Bezeichnung für das aus Raum-, Zeit und Bewegungserfahrung sich aufbauende schematische Bild des eigenen Körpers. Die Körpervorstellung entwickelt sich in konkreten Auseinandersetzungen des Ich's mit den Gegebenheiten der Umwelt.

Kognitiv
Zur Erkenntnis fähig, auf Erkenntnis beruhend.

Konvergenzen
Siehe unter „Vergenzen"

Muskelhypotonie/
Muskeltonusunterfunktion
Angeborene oder erworbene Tonusherabsetzung der Muskulatur, Verminderung der Muskelspannung bei Erkrankungen des Nervensystems, z. B. des Kleinhirns.

Muskeltonus
Beschreibt den Spannungszustand des Muskels. Definierbar als Widerstandsvermögen des Muskels gegen eine Last bei veränderter Muskelfaserlänge.

Parese
Lähmung: Verlust der Fähigkeit, einen Körperteil willkürlich zu bewegen.

Perzeption
wahrnehmen, begreifen, erlernen. Bezeichnung der unbewussten „und deshalb unreflektierten" Wahrnehmung von Gegenständen.
Perzeption umschreibt Wahrnehmungsbereiche wie z. B. sehen, hören, tasten.

Pinzettengriff
Vorform des Zangengriffs. Beim Pinzettengriff liegt das vordere Fingerglied des Zeige- oder Mittelfingers ähnlich einer Pinzette flach auf dem Daumen, meist bei (motorisch) hypotonen Kindern in der Stifthaltung zu beobachten.

Sakkaden
Die Fixation der Augen wechselt von einem auf ein anderes Objekt.

Schriftduktus
Beschreibt den Kraftandruck der Hand beim Schreiben auf den Schreibstift bzw. Blatt Papier

Sensomotorik
Bezeichnung für die gesamte Aktivität in sensorischen und motorischen Teilsystemen des Nervensystems, die durch Reize hervorgerufen wird. Als sensomotorisch bezeichnet man auch diejenigen Prozesse, in denen ein unmittelbarer Zusammenhang zwischen Wahrnehmung und Verhalten besteht.
Beispiel: Koordination von Auge und Handbewegung beim Schreiben (Koordinationsprozesse)

Statomotorik
Status der Motorik im ruhigen Zustand z. B. im Stehen befinden sich die Muskeln unter einer konstanten statischen sich nicht verändernden Muskelspannung (Gegenteil „dynamische Bewegung" z. B. das Gehen).

Subdominante Seite / Hand
Die nicht-dominante Seite / Hand

Supination
Auswärtsdrehung, drehen der Hand nach außen, dabei zeigt die Handinnenfläche vom Körper weg.

Tremor - Unwillkürliche Bewegungen -
Rhythmisch alternierende Kontraktionen antagonistischer und agonistischer Muskelgruppen, dadurch willkürlich nicht oder nur unvollständig unterdrückbares Zittern der betroffenen Körperteile oder des ganzen Körpers.
Man unterscheidet **Ruhetremor** (Tremor nur im Ruhezustand schwindet bei willkürlicher Bewegung).
Intentionstremor (Zittern bei Annäherung an das Bewegungsziel bei willkürlicher Bewegung)

Das Thema „Zittern", das mit der Diagnose **„Essentieller Tremor (ET)"** einhergeht, ist nicht mit der Parkinsonerkrankung gleichzusetzen! Wesentlich häufiger als die Parkinson-Krankheit ist der essentielle Tremor, der eine neurologische Bewegungsstörung darstellt, und bei dem darüber hinaus keine weiteren Störungen auftreten.
Die Häufigkeit des ETs wird auf mindestens 400 pro 100.000 Menschen geschätzt – ca. vierfach höher, als die Häufigkeit der Parkinson-Krankheit. Dennoch ist der Informationsstand über den essentiellen Tremor in der Bevölkerung wesentlich geringer und es herrscht allgemein das Miss-

verständnis, dass „alles, was zittert, Parkinson ist". In Deutschland gab es bis Anfang des Jahres 2000 keine Anlaufstelle für ET-Betroffene, bei der sie sich Infos und Rat holen konnten. In den deutschsprachigen medizinischen Foren fand man immer wieder Anfragen von Betroffenen, die unbeantwortet blieben.

Unwillkürmotoriken
(siehe auch: chorea-/choreiforme-/choreathetoide-/choreaathetotische Bewegungen.
Unwillkürmotoriken unterliegen nicht den willkürlichen motorischen Steuerungsprozessen. Die Unwillkürmotoriken unterscheiden sich in Form und Intensität z.B. athetoide Bewegungen, athetotische Bewegungen, choreiforme Bewegungen, choreaathetoide Bewegungen, Tremortätigkeit usw.

Vergenzen
Konvergenz, beide Augen bewegen sich nach innen, um eine Objekt zu fixieren.
Divergenz, beide Augen bewegen sich nach außen, um ein Objekt zu fixieren, das entfernter als der Fixpunkt liegt.

Vestibulär
Den Gleichgewichtssinn betreffendes System (Vestibularapparat), befindet sich im Innenohr und Hirnstamm. Bei einer häufigen Reizung dieses Sinnes, durch z. B. schnelle Schaukel- oder Drehbewegungen, kann es zu Schwindelgefühlen kommen (Seekrankheit).

Visuomotorische Koordination
Beschreibt die Fähigkeit, das Sehen mit den Bewegungen des Körpers oder Teilen des Körpers zu koordinieren.

Zangengriff
Die höchste Form des menschlichen Greifens. Die Fingerspitzen stehen in Opposition zum Daumen. Mit dem Zangengriff kann der Mensch kleinste Teile ergreifen und hantieren.
Vorform: Pinzettengriff.

Kapitel 18
Literaturhinweise

„ADS – das Erwachsenen –Buch",
Dr. med. Dieter Claus, Dr. med. Elisabeth Aust-Claus, Dr. Petra-Marina Hammer – Oberste Bring 2002

B.A.M.Sc.Tech., NDS ETHZ/ EPG UNIL in Arbeit und Gesundheit 2.11.95 Institut für Hygiene und Arbeitsphysiologie, ETH Zürich

„Das linkshändige Kind in der Grundschule"
Dr. J. B. Sattler

„Der umgeschulte Linkshänder" Dr. J. B. Sattler

„Die Untersuchungen von Kindern mit geringen neurologischen Funktionsstörungen"
Touwen,B. Stuttgart/New York 1982

„Die Psyche des linkshändigen Kindes"
Dr. J. B. Sattler

Informationsblatt „Zur Händigkeitsentwicklung"
Cerstin Bayer

Informationsblatt „ Zum Schreiben mit der linken Hand" Dr. Sattler

„Der umgeschulte Linkshänder" Dr. J. B. Sattler

Krueger, H. „Richtig Sitzen!". 1995 erhältlich bei Bayrisches Staatministerium für Arbeit und Sozialordnung, Winzererstr. 9, 80797 München

„Links und Rechts in der Wahrnehmung des Menschen" Dr. J. B. Sattler

„Linkshändige Begabung und Schwierigkeiten"
Dr. J. B. Sattler

„Linkshändig?" Rat & Information, Tipps & Adressen Raolf W. Meyer

„Linkshändige Kinder richtig fördern“
Sylvia Weber

„Links – Rechts“ Andrea Scholz

„Münchener funktionelle Entwicklungsdiagnostik“ Erstes Lebensjahr, Theodor Hellbrügge, Fritz Lajosi,Dora Menara, Reglindis Schamberger, Thomas Rautenstrauch, Hansisches Verlagskontor Lübeck, 1985

„Orthopädie des Sitzens“ Schoberth, H., Springer Verlag.1989 Verfasserin: Maggie Graf,

„Pschyrembel“- Klinisches Wörterbuch, Walter de Gruyter, Berlin, New York, 2002

„Sehstörungen bei Kinder“ Diagnostik und Frühförderung, Josef Zihl, Siegfried Priglinger, Springer, Wien, New York, 2002

„Wenn das ‘O’ Ecken hat“ Mal- und Schreibauffälligkeiten erkennen, Hilfen geben, Hauke Stehn, Finger & Bewegung Verlag, Osdorf/b. Kiel, 2005

www.sign-lang.uni-hamburg.de

„Zappelphilipp – Störenfried“, Hyperaktive Kinder und ihre Therapie, Jutta Hartmann, Beck’sche Reihe, 1987

„Das Rollbrett“ Band I + Band II

in der Therapie und im Sportunterricht

Diese Bücher zählen unterrichtsbegleitend zum Standardwerk vieler Schulen, Kindergärten und Sportvereine.
Alternativen der Bewegungsarbeit im Sportunterricht, Psychomotorik, Therapie mit Kindern, Jugendlichen und Erwachsenen.

Freude, Spaß und Bewegungskreativität stehen an erster Stelle bei den Kinder, die die Möglichkeit haben sich mit dem Rollbrett zu beschäftigen und damit den Umgang erlernen.
Die Bewegung mit dem Rollbrett fördert die Alltagsmotorik, Wahrnehmung und kann gezielt Bewegungsauffälligkeiten entgegenwirken.
Ein Ziele-/Teilzielekatalog ermöglicht es dem Leser, das Übungsangebot auf die Gruppe oder einzelne Kinder abzustimmen. Die Übungen sind auf die Einzelarbeit mit einem Kind in der Psychomotorik genauso übertragbar wie auf die Arbeit mit der großen Sportgruppe.

Ca. 1100 Übungen mit dem Rollbrett in Band I und Band II werden bildreich begleitet.

Auf 135 Seiten im Buch „Das Rollbrett“ - Band I **finden Sie die Grundübungen mit dem Rollbrett und Übungen in Ergänzung mit verschiedenen Handgeräten.**
Im Buch „Das Rollbrett“ - Band II, **mit 133 Seiten, finden Sie weitere Übungen, Bewegungsgeschichten, Gruppenspiele, Rollbrettführerschein, Partnerübungen mit und ohne ergänzende Hand- oder Spielgeräte und vieles mehr.**

Finger & Bewegung Verlag, Hauptstr. 30, 24251 Osdorf/b. Kiel

„Das Rollbrett“ – Band I	ISBN 3-9804316-1-4	15,90 €
„Das Rollbrett“ – Band II	ISBN 3-9804316-2-2	15,90 €

als Sparpaket „Das Rollbrett“ Band I + „Das Rollbrett“ Band II - ISBN 3-9804316-7-3
28,80 € **Sie sparen 3,00 €**

Direkt bestellen, keine Versandkosten innerhalb Deutschlands

„Wenn das 'O' Ecken hat"

Dieses Buch soll allen Kindern helfen mit
motorischen Schreibproblemen
zurecht zu kommen.
Eltern, Therapeuten, Lehrern, Erziehern gibt es die Möglichkeit Schreibauffälligkeiten diagnostisch zu ermitteln und direkte Hilfen einzuleiten.

Ein an der Praxis orientiertes Handbuch.
Ca. 150 Seiten, ca. 120 Bilder, Grafiken und vier Protokollbögen zur Erfassung grob-, fein-, grafo- und visuomotorischer Auffälligkeiten geben dem Leser umfangreiche Informationen.
Sie finden Hilfen bei der Interpretation ihrer Beobachtungen schreibauffälliger Kinder.
Sie finden **Schreibhilfen** für Kinder mit Stifthaltungsproblemen.
Fragen zum **linkshändigen Schreiben** werden nicht nur beantwortet, sondern Hilfen werden vorgeschlagen.
Eine **grafomotorische Schriftbilddiagnostik** ermöglicht eine schnelle Vorabdiagnostik. Auffälligkeiten erkennen wir z.B. an eckigen Buchstaben, Eindellungen in geraden oder runden Strichführungen.

Direkt bestellen: Finger & Bewegung Verlag, Hauptstr. 30, 24251 Osdorf/b. Kiel
18,90 € keine Versandkosten innerhalb Deutschlands - ISBN 3-9804316-5-7

Die Musik CD

„Fingerbewegungen nach Musik"

zum Buch „Hilfe für das schreibauffällige Kind".
Viele Fingerübungen, die im Buch" Hilfe für das schreibauffällige Kind" beschrieben sind, lassen sich hervorragend musikalisch begleiten. Durch das Zusammenwirken von Struktur (Bewegung) und Rhythmus/Musik werden beide Gehirnhälften aktiviert.
Feinmotorische Bewegungen lassen sich somit besser und schneller automatisieren. Musik/Rhythmus und Bewegung als Einheit helfen schreibauffälligen Kindern die Schreibmotorik zu verbessern. Die lustigen Texte wirken motivierend auf die Kinder. Die Lieder sowie eine Bewegungsgeschichte sprechen inhaltlich viele Koordinationsanteile der Unterarm- Fingermotorik und deren Zusammenspiel an.
Die Lieder werden mit der Gitarre begleitet.

Direkt bestellen: Finger & Bewegung Verlag, Hauptstr. 30, 24251 Osdorf/b. Kiel
13,90 € keine Versandkosten innerhalb Deutschlands - ISBN 3-9804316-3-0